托爾斯泰傳

Vie de Tolstoi

羅曼・羅蘭（Romain Rolland）著
傅雷 譯

Romain Rolland in 1914, on the balcony of his home

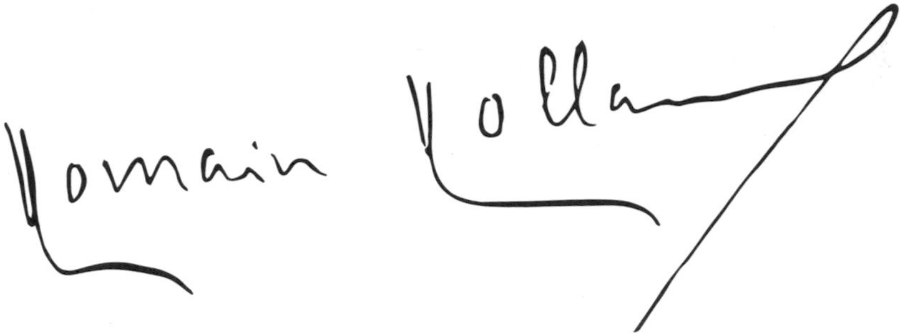

俄羅斯的偉大的心魂，百年前在大地上發著光焰的，對於我的一代，曾經是照耀我們青春時代的最精純的光彩。

——羅曼・羅蘭

目次
Contents

代序

羅曼・羅蘭致譯者書

——論無抵抗主義

三月三日賜書，收到甚遲。足下移譯拙著貝多芬、米開朗基羅、托爾斯泰三傳，並有意以漢譯付刊，聞之不勝欣慰。

當今之世，英雄主義之光威復熾，英雄崇拜亦復與之俱盛。唯此光威有時能釀巨災；故最要莫如將「英雄」二字下一確切之界說。

夫吾人所處之時代乃一切民眾遭受磨煉與戰鬥之時代也；為驕傲為榮譽而成為偉大，未足也；必當為公眾服務而成為偉大。最偉大之領袖必為一民族乃至全人類之忠僕。

昔之孫逸仙、列寧，今之甘地，皆是也。至凡天才不表於行動而發為思想與藝術者，則貝多芬、托爾斯泰是已。

吾人在藝術與行動上所應喚醒者，蓋亦此崇高之社會意義與深刻之人道觀念爾。

至「無抵抗主義」之問題，所涉太廣太繁，非短簡可盡。

愚嘗於論甘地之文字中有所論列，散見於拙著《甘地傳》、《青年印度》及《甘地自傳》[1]之法文版引言。

余將首先聲明，餘實不喜此「無抵抗」之名，以其暗示屈服之觀念，絕不能表白英雄的與強烈的行動性，如甘地運動所已實現者。唯一適合之名詞，當為「非武力的拒絕」。

其次，吾人必須曉喻大眾；此種態度非有極痛苦之犧牲不為功；且為犧牲自己及其所親的整個的犧牲；蓋吾人對於國家或黨派施行強暴時之殘忍，決不能作何幸想。

吾人不能依恃彼等之憐憫，亦不能幸圖彼等攻擊一無抵抗之敵人時或有內疚。半世紀來，在革命與戰亂之中，人類早已養成一副鐵石心腸矣。即令「非武力的拒絕」或有戰勝之日，亦尚須數代人民之犧牲以換取之，此犧牲乃勝利之必須代價也。

由是可見，若非賴有強毅不拔之信心與宗教的性格（即超乎一切個人的與普通的利害觀念之性格），決不能具有擔受此等犧牲之能力。

對於人類，務當懷有信念，無此信念，則於此等功業，寧勿輕於嘗試！否則即不殞滅，亦將因恐懼而有中途背叛之日。度德量力，實為首要。

今請在政治運動之觀點上言，則使此等計畫得以成功者，果為何種情勢乎？此情勢自必首推印度。

彼國人民之濡染無抵抗主義也既已數千年，今又得一甘地為其獨一無二之領袖；此其組織天才，平衡實利與信心之精神明澈，及其對國內大多數民眾之權威有以致之。彼所收穫者將為確切不易之經驗，不獨於印度為然，即於全世界亦皆如此。

是經驗不啻為一心靈之英雄及其民族在強暴時代所築之最堅固之堤岸。萬一堤岸崩潰，則恐若干時內，強暴將掩有天下。而行動人物中之最智者亦只能竭力指揮強暴而莫之能禦矣。

當斯時也，潔身自好之士唯有隱遁於深邃之思想境域中爾。

然亦唯有忍耐已爾！狂風暴雨之時代終有消逝之日……不論其是否使用武力，人類

1 編按：*Mahatma Gandhi*，一九二四年。

必向統一之途邁進！

羅曼・羅蘭

一九三四年六月三十日於瑞士

原序

這第十一版的印行適逢托爾斯泰百年誕辰的時節，因此，本書的內容稍有修改。其中增入自一九一〇年起刊布的托氏通信。

作者又加入整整的一章，述及托爾斯泰和亞洲各國——中國、日本、印度、回教國——的思想家的關係，他和甘地的關係，尤為重要。

我們又錄入托爾斯泰在逝死前一個月所寫的一信的全文，他在其中發表無抵抗鬥爭的整個計畫，為甘地在以後獲得一種強有力的作用的。

羅曼・羅蘭

一九二八年八月

托爾斯泰傳

Vie de Tolstoï

「最近消失的光明」

俄羅斯的偉大的心魂，百年前在大地上發著光焰的，對於我的一代，曾經是照耀我們青春時代的最精純的光彩。在十九世紀終了時陰霾重重的黃昏，它是一顆撫慰人間的巨星，它的目光足以吸引並慰撫我們青年的心魂。在法蘭西，多少人認為托爾斯泰不止是一個受人愛戴的藝術家，而是一個朋友，最好的朋友，在全部歐羅巴[1]藝術中唯一的真正的友人。既然我亦是其中的一員，我願對於這神聖的回憶，表示我的感激與敬愛。我懂得認識托爾斯泰的日子，在我的精神上將永不會磨滅。

這是一八八六年，在幽密中胚胎萌蘖了若干年之後，俄羅斯藝術的美妙的花朵突然於法蘭西土地上出現了。托爾斯泰與杜斯妥也夫斯基的譯本在一切書店中同時發刊，而且是爭先恐後般的速度與狂熱。一八八五至一八八七年間，在巴黎印行了《戰爭與和平》、《安娜·卡列尼娜》、《童年與少年》、《波利庫什卡》、《伊萬·伊里奇之死》[2]，高加索短篇小說和通俗短篇小說。在幾個月中，幾星期中，我們眼前發現了含有整個的偉大的人生的作品，反映著一個民族，一個簇新的世界的作品。

那時我初入高師。我和我的同伴們，在意見上是極不相同的。在我們的小團體中，有譏諷的與現實主義思想者，如哲學家喬治·杜馬[3]，有熱烈的追懷義大利文藝復興的詩人，如蘇亞雷斯[4]，有古典傳統的忠實信徒，有司湯達派[5]與瓦格納派[6]，有無神論者與神祕主義者，掀起多少辯論，發生多少齟齬；但在幾個月之中，愛慕托爾斯泰的情操使我們完全一致了。各人以各不相同的理由愛他：因為各人在其中找到自己；而對於我們全體又是人生的一個啟示，開向廣大的宇宙的一扇門。在我們周圍，在我們的家庭中，在我們的外省，從歐羅巴邊陲傳來的巨聲，喚起同樣的同情，有時是意想不到的。有一次，在我故鄉尼韋奈[7]，我聽見一個素來不注意藝術，對於什麼也不關心的中產

1 編按：即歐洲（Europe）。
2 編按：即《伊凡·伊里奇之死》。
3 編按：Georges Dumas（1866-1946）。
4 編按：André Suarès（1868-1948）。
5 編按：即斯湯達爾（Stendhal, 1783-1842）。
6 編按：即華格納（Wilhelm Richard Wagner, 1813-1883）。
7 編按：Nivernais。

者，居然非常感動地談著《伊萬・伊里奇之死》。

我們的著名批評家曾有一種論見，說托爾斯泰思想中的精華都是汲取於我們的浪漫派作家：喬治・桑，維克多・雨果。不必說喬治・桑對於托爾斯泰的影響說之不倫，托爾斯泰是決不能忍受喬治・桑的思想的，也不必否認盧梭與司湯達對於托爾斯泰的實在的影響，總之不把他的偉大與魅力認為是由於他的思想而加以懷疑，是不應當的。藝術所賴以活躍的思想圈子是最狹隘的。他的力強並不在於思想本身，而是在於他所給予思想的表情，在於個人的調子，在於藝術家的特徵，在於他的生命的氣息。

不論托爾斯泰的思想是否受過影響——這我們在以後可以看到——歐羅巴可從沒聽到像他那種聲音。除了這種說法之外，我們又怎麼能解釋聽到這心魂的音樂時所感到的懷疑的激動呢？——而這聲音我們已期待得那麼長久，我們的需要已那麼急切。流行的風尚在我們的情操上並無什麼作用。我們之中，大半都像我一樣，只在讀過了托爾斯泰的作品之後才認識特・沃居埃著的《俄國小說論》[8]；他的讚美比起我們的欽佩來已經遜色多了。因為特・沃居埃特別以文學家的態度批判。但為我們，單是讚賞作品是不夠的：我們生活在作品中間，他的作品已成為我們的作品了。我們的，由於他熱烈的生命，由於他的心的青春。我們的，由於他苦笑的幻滅，由於他毫無憐惜的明察，由於他與死的糾纏。我們的，由於他對於博愛與和平的夢想。我們的，由於他對於文明的謊騙，加以劇烈的攻擊。且也由於他的現實主義，由於他的神祕主義。由於他具有大自然的氣息，由於他對於無形的力的感覺，由於他對於無窮的眩惑。

這些作品之於今日，不啻《少年維特之煩惱》之於當時：是我們的力強、弱點、希望與恐怖的明鏡。我們毫未顧及要把這一切矛盾加以調和，把這顆反映著全宇宙的複雜心魂納入狹隘的宗教的與政治的範疇；我們不願效法人們，學著布林熱[9]於托爾斯泰逝世之後，以各人的黨派觀念去批評他。彷彿我們的朋黨一旦竟能成為天才的度衡那樣！……托爾斯泰是否和我同一黨派，於我又有何干？在呼吸他們的氣息與沐浴他們的光華之時，我會顧忌到但丁與莎士比亞是屬於何黨何派的麼？

我們絕對不像今日的批評家般說：「有兩個托爾斯泰，一是轉變以前的，一是轉變以後的；一是好的，一是不好的。」對於我們，只有一個托爾斯泰，我們愛他整個。因為我們本能地感到在這樣的心魂中，一切都有立場，一切都有關聯。

---

8 編按：Eugène-Melchior de Vogüé（1848-1910）；《俄國小說論》（*The Russian Novel*）出版於一八八六年。

9 編按：即保羅・布爾熱（Paul Bourget, 1852-1935）。

我的童年、《高加索紀事》《哥薩克》

我們往昔不加解釋而由本能來感到的，今日當由我們的理智來證實了。現在，當這長久的生命達到了終點，展露在大家眼前，沒有隱蔽，在思想的國土中成為光明的太陽之時，我們能夠這樣做了。第一使我們驚異的，是這長久的生命自始至終沒有變更，雖然人家曾想運用藩籬把它隨處分隔——雖然托爾斯泰自己因為富於熱情之故，往往在他相信，在他愛的時候，以為是他第一次相信，第一次愛，而認為這才是他的生命的開始。開始。重新開始。同樣的轉變，同樣的爭鬥，曾在他心中發生過多少次！他的思想的統一性是無從討論的——他的思想從來不統一的——但可注意到他種種不同的因素，在他思想上具有時而妥協時而敵對的永續性。在一個如托爾斯泰那樣的人的心靈與思想上，統一性是絕對不存在的，它只存在於他的熱情的鬥爭中，存在於他的藝術與他的生命的悲劇中。

藝術與生命是一致的。作品與生命從沒比托爾斯泰的聯絡得更密切了：他的作品差不多時常帶著自傳性；自二十五歲起，它使我們一步一步緊隨著他的冒險生涯的矛盾的經歷。自二十歲前開始直到他逝世為止[1]的他的日記，和他供給比魯科夫的紀錄[2]，更補充我們對於他的認識，使我們不獨能一天一天地明瞭他的意識的演化，而且能把他的天才所胚胎，他的心靈所藉以滋養的世界再現出來。

豐富的遺產，雙重的世家（托爾斯泰與沃爾康斯基族[3]），高貴的，古舊的，世裔一直可推到留里克[4]，家譜上有承侍亞歷山大大帝[5]的人物，有七年戰爭中的將軍，有

---

1 除了若干時期曾經中斷過——尤其有一次最長的，自一八六五至一八七八年止。

2 他供給這些紀錄因為比魯科夫〔編按：P. Birukov〕為托爾斯泰做了不少傳記，如《生活與作品》〔編按：*Léon Tolstoï: Vie et Œuvre*〕、《回憶錄》〔編按：*Léon Tolstoï: Mémoires*〕、《回想錄》〔編按：*Léon Tolstoï: Souvenirs*〕、《書信》〔編按：*Léon Tolstoï: Lettres*〕、《日記選錄》〔編按：*Léon Tolstoï: Extraits du Journal intime*〕、《傳記資料彙集》〔編按：*Léon Tolstoï: Notes et Documents biographiques*〕等：這些作品都曾經過托爾斯泰親自校閱，是關於托氏生涯與著作的最重要之作，亦是我參考最多的書。

3 編按：Volkonski。

4 編按：留里克（Rurik, 1830-879）是第一位被明確記載的東斯拉夫民族君主。

5 編按：即彼得大帝（Peter the Great, 1672-1725）。

拿破崙諸役中的英雄，有十二月黨人，有政治犯。家庭的回憶中，好幾個為托爾斯泰採作他的《戰爭與和平》中的最特殊的典型人物：如他的外祖父，老親王沃爾康斯基[6]，葉卡捷琳娜二世時代的伏爾泰式的專制的貴族代表；他的母親的堂兄弟，尼古拉・葛列格里維奇・沃爾康斯基親王[7]，在奧斯特利茨一役[8]中受傷而在戰場上救回來的，一如安德烈親王；他的父親，有些像尼古拉・羅斯托夫的；他的母親，瑪麗亞公主[9]，這溫婉的醜婦人，生著美麗的眼睛，醜的臉相，她的仁慈的光輝，照耀著《戰爭與和平》。

對於他的父母，他是不大熟知的。大家知道《童年時代》與《少年時代》中的可愛的敘述極少真實性。他的母親逝世時，他還未滿二歲。故他只在小尼古拉・伊爾捷涅耶夫的含淚的訴述中稍能回想到可愛的臉龐，老是顯著光輝四射的微笑，使她的周圍充滿了歡樂……

啊！如果我能在艱苦的時間窺見這微笑，我將不知悲愁為何物了……[10]

但她的完滿的坦率，她的對於輿論的不顧忌，和她講述她自己造出來的故事的美妙的天才，一定是傳給他了。

他至少還能保有若干關於父親的回憶。這是一個和藹的詼諧的人，眼睛顯得憂鬱，在他的食邑中度著獨立不羈、毫無野心的生活。托爾斯泰失怙的時候正是九歲。這死使他「第一次懂得悲苦的現實，心魂中充滿了絕望」。[11]——這是兒童和恐怖的幽靈的第一次相遇，他的一生，一部分是要戰敗它，一部分是在把它變形之後而讚揚它……這種悲痛的痕跡，在《童年時代》的最後幾章中有深刻的表露，在那裡，回憶已變成追寫他的母親的死與下葬的敘述了。

在亞斯納亞・波利亞納的古老的宅邸中，他們一共是五個孩子。[12]列夫・尼古拉耶

---

6 編按：Prince Nicolas Andréiévitch Bolkonski，又譯尼古拉・安德烈耶維奇・鮑爾康斯基公爵、「普魯士王」。

7 編按：le prince Nicolas-Grégorévitch Volkonski。

8 編按：奧斯特利茨戰役（Battle of Austerlitz, 1805），又稱「三皇之戰」，是拿破崙戰爭中一場知名戰役。

9 編按：Princesse Marie Bolkonski，又譯瑪麗亞公爵小姐。

10 《童年時代》第二章。

11 《童年時代》第二十七章。

12 亞斯納亞・波利亞納（編按：**Iasnaïa Poliana**），意思是「柵欄」，是莫斯科南圖拉（Toula）城十餘里外的一個小村，它所屬的省分是俄羅斯色彩最重的一個省分。

維奇即於一八二八年八月二十八日誕生於這所屋裡，直到八十二年之後逝世的時光才離開。五個孩子中最幼的一個是女的，名字叫瑪麗亞[13]，後來做了女修士（托爾斯泰在臨死時逃出了他自己的家，離別了家人，便是避到她那裡去）。——四個兒子：謝爾蓋[14]，自私的，可愛的一個，「他的真誠的程度為我從未見過的」；——德米特里[15]熱情的，深藏的，在大學生時代，熱烈奉行宗教，什麼也不顧，持齋減食，尋訪窮人，救濟殘廢，後來突然變成放浪不羈，和他的虔誠一樣暴烈，以後充滿著悔恨，在娼家為一個妓女脫了籍和她同居，二十九歲時患肺癆死了[16]；——長子尼古拉[17]是弟兄中最被鍾愛的一個，從他母親那裡承受了講述故事的幻想[18]，幽默的，膽怯的，細膩的性情，以後在高加索當軍官，養成了喝酒的習慣，充滿著基督徒的溫情。他亦把他所有的財產盡行分贈窮人。屠格涅夫說他「在人生中實行卑謙，不似他的兄弟列夫徒在理論上探討便自滿了」。

在那些孩兒周圍，有兩個具有仁慈的心地的婦人：塔佳娜姑母[19]，托爾斯泰說：「她有兩項德性：鎮靜與愛。」[20]她的一生只是愛。她永遠為他人捨身……

她使我認識愛的精神上的快樂……

另外一個是亞歷山卓姑母[21]，她永遠服侍他人而避免為他人服侍，她不用僕役，唯一的嗜好是讀聖徒行傳，和朝山的人與無邪的人談話。好幾個無邪的男女在他們家中寄食。其中有一個朝山進香的老婦，會背誦讚美詩的，是托爾斯泰妹妹的寄母[22]。另外一個叫作格里莎的，只知道祈禱與哭泣……

> 噢，偉大的基督徒格里莎！你的信仰是那麼堅強，以至你感到和神迫近，你的愛是

---

13 編按：Maria Nikolayevna Tolstaya（1830-1912）。

14 編按：Sergey Nikolaevich Tolstoy（1826-1904）。

15 編按：Dmitriy Nikolayevich Tolstoy（1827-1856）。

16 托爾斯泰在《安娜・卡列尼娜》中描寫他，那個人物是列文的兄弟。

17 編按：Nikolai Nikolaevich Tolstoy（1823-1860）。

18 他曾寫過一部《獵人日記》〔編按：*le Journal d'un Chasseur*〕。

19 編按：la tante Tatiana。

20 實際上她已是一個遠戚。她曾愛過托爾斯泰的父親，他亦愛她；但如《戰爭與和平》中的索尼婭一般，她退讓了。

21 編按：女伯爵亞歷山卓・安德列耶芙娜・托爾斯泰婭（la comtesse Alexandra Andrejewna Tolstoï）。

22 編按：即義母。

那麼熱烈，以至你的言語從口中流露出來，為你的理智無法駕馭。你頌贊神的莊嚴，而當你找不到言辭的時候，你淚流滿面著匍匐在地下！……[23]

這一切卑微的心靈對於托爾斯泰的長成上的影響當然是昭然若揭的事。暮年的托爾斯泰似乎已在這些靈魂上萌蘗，試練了。他們的祈禱與愛，在兒童的精神上散播了信仰的種子，到老年時便看到這種子的收穫。

除了無邪的格里莎之外，托爾斯泰在他的《童年時代》中，並沒提及助長他心魂的發展的這些卑微人物。但在另一方面，書中卻透露著這顆兒童的靈魂，「這顆精純的、慈愛的靈魂，如一道鮮明的光華，永遠懂得發現別人的最優的品性」，和這種極端的溫柔！幸福的他，只想念著他所知道的不幸者，他哭泣，他願對他表現她的忠誠。他親吻一匹老馬，他請求原諒他使它受苦。他在愛的時候便感到幸福，即是他不被人愛亦無妨。人們已經窺到他未來的天才的萌芽：使他痛哭身世的幻想；他的工作不息的頭腦——永遠努力要想著一般人所想的問題；他的早熟的觀察與回憶的官能[24]；他的銳利的目光——懂得在人家的臉容上，探尋他的苦惱與哀愁。他自言在五歲時，第一次感到，「人生不是一種享樂，而是一樁十分沉重的工作」[25]。

幸而，他忘記了這種思念。這時節，他在通俗的故事，俄羅斯的 bylines 神話與傳說，《聖經》的史略中組織出他的幻夢來，尤其是《聖經》中約瑟的歷史——在他暮年時還把他當作藝術的模範——和《天方夜譚》，為他在祖母家裡每晚聽一個盲目的講故事人坐在視窗上講述的。

他在卡贊地方讀書[26]。成績平庸。人家說這兄弟三人：「謝爾蓋欲而能。德米特里欲而不能。列夫不欲亦不能。」[27]

他所經過的時期，真如他所說的「荒漠的青年時期」。荒涼的沙漠，給一陣陣狂熱的疾風掃蕩著。關於這個時期，《少年》，尤其是《青年》的敘述中，含有極豐富的親

23 《童年時代》第七章。

24 在他一八七六年時代的自傳式筆記中，他說他還能記憶襁褓與嬰兒時洗澡的感覺。瑞士大詩人施皮特勒〔編按：Carl Spitteler, 1845-1924〕亦具有同樣的記憶力，對於他初入世界時的形象記得清晰，他曾為此寫了一整部的書〔編按：即《Meine frühesten Erlebnisse》〕。

25 《初期回憶》（*Premiers Souvenirs*）。

26 一八四二年至一八四七年。

27 長兄尼古拉，比列夫長五歲，他在一八四四年時已修了他的學業。

切的懺悔材料。他是孤獨的。他的頭腦處於永遠的狂熱境界中。在一年內，他重新覓得並試練種種與他適當的學說[28]。斯多噶主義者，他從事於磨折他的肉體。伊壁鳩魯主義者，他又縱欲無度。以後，他復相信輪回之說。終於他墮入一種錯亂的虛無主義中：他似乎覺得如果他迅速地轉變，他將發現虛無即在他的面前。他把自己分析，分析……

我只想著一樣，我想我想著一樣……[29]

這永無休止的自己分析，這推理的機能，自然容易陷於空虛，而且對於他成為一種危險的習慣，「在生活中時常妨害他」，據他自己說，但同時卻是他的藝術的最珍貴的泉源[30]。

在這精神活動中，他失了一切信念：至少，他是這樣想。十六歲，他停止祈禱，不到教堂去了[31]。但信仰並未死滅，它只是潛匿著。

可是我究竟相信某種東西。什麼？我不能說。我還相信神，或至少我沒有否認它。但何種神？我不知道。我也不否認基督和他的教義；但建立這教義的立場，我卻不能說。[32]

有時，他沉迷於慈悲的幻夢中。他曾想賣掉他的坐車，把賣得的錢分給窮人，也想把他的十分之一的家財為他們犧牲，他自己可以不用僕役……「因為他們是和我一樣的人」[33]。在某次病中，他寫了一部《人生的規則》[34]。他在其中天真地指出人生的責任，「須研究一切，一切都要加以深刻的探討：法律、醫學、語言、農學、歷史、地理、數學，在音樂與繪畫中達到最高的頂點」……他「相信人類的使命在於他的自強不息的追求完美」。

---

28 他愛做關於形而上的談話；他說：「尤其因為這種談話是那麼抽象，那麼暗晦，令人相信他說的話確是所想的，其實是完全說了別種事情。」（《少年時代》第二十七章）

29 《少年時代》第十九章。

30 尤其在他的初期作品中，如《塞瓦斯托波爾紀事》。

31 這是他讀伏爾泰的作品極感樂趣的時期。（《懺悔錄》第一章）

32 《懺悔錄》第一章。

33 《青年時代》第三章。

34 一八四七年三月至四月間。

然而不知不覺地，他為少年的熱情、強烈的性感與誇大的自尊心所驅使，以至這種追求完美的信念喪失了無功利觀念的性質，變成了實用的與物質的了[35]。他的所以要求他的意志、肉體與精神達到完美，無非是因為要征服世界，獲得全人類的愛戴[36]。他要取悅於人。

這卻不是一件容易的事。他如猿子一般的醜陋：粗獷的臉，又是長又是笨重，短髮覆在前額，小小的眼睛深藏在陰沉的眼眶裡，矚視時非常嚴峻，寬大的鼻子，往前凸出的大唇，寬闊的耳朵[37]。因為無法改變這醜相，在童時他已屢次感到絕望的痛苦[38]，他自命要實現成為「一個體面人」[39]。這種理想，為要做得像別個「體面人」一樣，引導他去賭博，借債，徹底的放蕩[40]。

一件東西永遠救了他：他的絕對的真誠。

「你知道我為何愛你甚於他人，」涅赫留多夫和他說，「你具有一種可驚的少有的品性：坦白。」

「是的，我老是說出我自己也要害羞的事情。」[41]

在他最放蕩的時候，他亦以犀利的明察的目光批判。

「我完全如畜類一般地生活，」他在《日記》中寫道，「我是墮落了。」

用著分析法，他仔仔細細記出他的錯誤的原因：

一、猶疑不定或缺乏魄力；

二、自欺；

---

35 涅赫留多夫〔編按：Nekhludov〕在他的《少年時代》中說：「人所做的一切，完全是為了他的自尊心。」一八五三年，托爾斯泰在他的日記中寫道：「驕傲是我的大缺點。一種誇大的自尊心，毫無理智的；我的野心那麼強烈，如果我必得在光榮與德性（我愛好的）中選擇其一，我確信我將選擇前者。」

36 「我願大家認識我，愛我。我願一聽到我的名字，大家便讚歎我，感謝我。」（《青年時代》第三章）

37 根據一八四八年，他二十歲時的一幅肖像。

38 「我自己想，像我這樣一個鼻子那麼寬，口唇那麼大，眼睛那麼小的人，世界上是沒有他的快樂的。」（《童年時代》第十七章）此外，他悲哀地說起「這副沒有表情的臉相，這些軟弱的、不定的、不高貴的線條，只令人想起那些鄉人，還有這雙太大的手與足」。（《童年時代》第一章）

39 「我把人類分做三類：體面的人，唯一值得尊敬的；不體面的人，該受輕蔑與憎恨的；賤民，現在是沒有了。」（《青年時代》第三十一章）

40 尤其當他逗留聖彼得堡的時代（一五四七至一五四八年）。

41 《少年時代》第二十七章。

三、操切；

四、無謂的羞慚；

五、心緒惡劣；

六、迷惘；

七、模仿性；

八、浮躁；

九、不加考慮。

即是這種獨立不羈的判斷，在大學生時代，他已應用於批評社會法統與知識的迷信。他瞧不起大學教育，不願做正當的歷史研究，為了思想的狂妄被學校處罰。這時代，他發現了盧梭，《懺悔錄》、《愛彌兒》。對於他，這是一個晴天霹靂。

> 我向他頂禮。我把他的肖像懸在頸下如聖像一般。[42]

他最初的幾篇哲學論文便是關於盧梭的詮釋（一八四六至一八四七）。

然而，對於大學和「體面人」都厭倦了，他重新回來住在他的田園中，在亞斯納亞故鄉（一八四七至一八五一）；他和民眾重新有了接觸，他藉口要幫助他們，成為他們的慈善家和教育家。他在這時期的經驗在他最初幾部作品中便有敘述，如《一個紳士的早晨》[43]（一八五二），一篇優異的小說，其中的主人翁便是他最愛用的託名：涅赫留多夫親王[44]。

涅赫留多夫二十歲。他放棄了大學去為農民服務。一年以來他幹著為農民謀福利的工作；其次，去訪問一個鄉村，他遭受了似嘲似諷的淡漠，牢不可破的猜疑、因襲、渾噩、下流、無良等等。他一切的努力都是枉費。回去時他心灰意懶，他想起他一年以前的幻夢，想起他的寬宏的熱情，想起他當年的理想，「愛與善是幸福，亦是真理，世界

42 和保爾・布瓦耶〔編按：Paul Boyer, 1864-1949〕的談話，見一九〇一年八月二十八日巴黎《時報》〔編按：*Le Temps*〕。

43 編按：即《一個地主的早晨》。

44 在《少年時代》與《青年時代》（一八五四年）中，在《支隊中的相遇》（一八五六）中，在《琉森》（一八五七年）中，在《復活》（一八九九年）中，都有涅赫留多夫這個人物。——但當注意這個名字是代表各種不同的人物。托爾斯泰也並不使他保留著同樣的生理上的容貌，涅赫留多夫在《射擊手日記》的終了是自殺的。這是托爾斯泰的各種化身，有時是最好的，有時是最壞的。

上唯一可能的幸福與真理」。他覺得自己是戰敗了。他羞愧而且厭倦了。

坐在鋼琴前面，他的手無意識地按著鍵盤。奏出一個和音，接著第二個，第三個……他開始彈奏。和音並不完全是正則的；往往它們平凡到庸俗的程度，絲毫表現不出音樂天才；但他在其中感到一種不能確定的、悲哀的樂趣。每當和音變化時，他的心跳動著，等待著新的音符來臨，他以幻想來補足一切缺陷。他聽到合唱，聽到樂隊……而他的主要樂趣便是由於幻想的被迫的活動，這些活動顯示給他最多變的關於過去與未來的形象與情景，無關聯的，但是十分明晰……

他重複看到剛才和他談話的農人，下流的，猜疑的，說謊的，懶的，頑固的；但此刻他所看到的他們，只是他們的好的地方而不是壞處了；他以愛的直覺透入他們的心；在此，他窺到他們對於壓迫他們的運命所取的忍耐與退讓的態度，他們對於一切褊枉的寬恕，他們對於家庭的熱情，和他們對於過去所以具有因襲的與虔敬的忠誠之原因。他喚引起他們勞作的日子，疲乏的，可是健全的……

「這真美，」他喃喃地說……「我為何不成為他們中的一員呢？」[45]

整個的托爾斯泰已包藏在第一篇短篇小說[46]的主人翁中：在他的明確而持久的視覺中，他用一種毫無缺陷的現實主義來觀察人物；但他閉上眼睛時，他重又沉入他的幻夢，沉入他對於人類中的愛情中去了。

但一八五〇年左右的托爾斯泰並沒如涅赫留多夫那般忍耐。亞斯納亞令他失望，他對於民眾亦如對於優秀階級一樣地厭倦了；他的職分使他覺得沉重，他不復能維持下去。此外，他的債權人緊逼著他。一八五一年，他避往高加索，遁入軍隊中，在已經當了軍官的他的哥哥尼古拉那裡。

他一到群山環繞的清明的境域，他立刻恢復了，他重新覓得了上帝：

> 昨夜，我差不多沒有睡覺……我向神祈禱。[47]我無法描寫在祈禱時所感到的情操的

---

45 《一個紳士的早晨》第二卷。

46 這篇小說與《童年時代》同時。

47 一八五一年六月十一日，在高加索斯塔里－尤爾特〔編按：Starï-Iourt〕的營地。

甘美。我先背誦慣例的禱文，以後我又祈禱了長久。我願欲什麼十分偉大的，十分美麗的東西……什麼？我不能說。我欲把我和「神」融合為一，我請求他原諒我的過失……可是不，我不請求這個，我感到，既然他賜予我這最幸福的時間，他必已原諒我了。我請求，而同時我覺得我無所請求，亦不能且不知請求。我感謝了他，不是用言語，亦不是在思想上……僅僅一小時之後，我又聽到罪惡的聲音。我在夢著光榮與女人的時候睡著了，這比我更強力。不打緊！我感謝神使我有這一刻看到我的渺小與偉大的時間。我欲祈禱，但我不知祈禱；我欲徹悟，但我不敢。我完全奉獻給你的意志！[48]

肉情並未戰敗（它從沒有被戰敗），情欲與神的爭鬥祕密地在心中進展。在《日記》中，托爾斯泰記述三個侵蝕他的魔鬼：

一、**賭博欲**　可能戰勝的。

二、**肉欲**　極難戰勝的。

三、**虛榮欲**　一切中最可怕的。

在他夢想著要獻給別人而犧牲自己的時候，肉欲或輕浮的思想同時占據著他：某個高加索婦人的形象使他迷戀，或是「他的左面的鬍鬚比右面的豎得高時會使他悲哀」[49]。

——「不妨！」神在這裡，他再也不離開他了。即是鬥爭的騷亂也含有繁榮之機，一切的生命力都受著激勵了。

我想我當初要到高加索旅行的輕佻的思念，實在是至高的主宰給我的感應。神靈的手指點著我，我不息地感謝祂。我覺得在此我變得好了一些，而我確信我一切可能的遭遇對於我只會是福利，既然是神自己的意志要如此……[50]

這是大地向春天唱它感謝神恩的歌。它布滿了花朵。一切都好，一切都美。一八五二年，托爾斯泰的天才吐出它初期的花苞：《童年時代》、《一個紳士的早晨》、《侵略》、《少年時代》；他感謝使他繁榮的上帝[51]。

48 《日記》。

49 《日記》。（一八五一年七月二日）

50 一八五二年致他的塔佳娜姑母書。

51 一幅一八五一年時代的肖像，已表現出他在心魂上醞釀成熟的轉變。頭舉起著，臉色稍微變得清朗了些，眼眶沒有以前那麼陰沉，目光仍保有他的嚴厲的凝注，微張的口，剛在生長的鬍鬚，顯得沒有神采，永遠含著驕傲的與輕蔑的氣概，但青年的蓬勃之氣似乎占有更多的成分。

《童年時代》於一八五一年秋在蒂弗里斯地方[52]開始，一八五二年七月二日在高加索皮亞季戈爾斯克地方[53]完成。這是很奇怪的：在使他陶醉的自然界中，在簇新的生活裡，在戰爭的驚心動魄的危險中，在一意要發現為他所從未認識的熱情的世界時，托爾斯泰居然會在這第一部作品中追尋他過去生活的回憶。但當他寫《童年時代》時，他正病著，軍隊中的服務中止了；在長期休養的閒暇中，又是孤獨又是痛苦，正有感傷的傾向，過去的回憶便在他溫柔的眼前展現了[54]。最近幾年的頹廢生活，使他感到筋疲力盡般的緊張之後，去重溫「無邪的、詩意的、快樂的、美妙的時期」的幼年生活，追尋「溫良的、善感的、富於情愛的童心」，於他自另有一番甜蜜的滋味。而且充滿了青春的熱情，懷著無窮盡的計畫，他的迴圈式的詩情與幻想，難得採用一個孤獨的題材，他的長篇小說，實在不過是他從不能實現的巨大的歷史的一小系罷了[55]；這時節，托爾斯泰把他的《童年時代》只當作「一生四部曲」的首章，它原應將他的高加索生活也包括在內，以由自然而獲得神的啟示一節為終結的。

以後，托爾斯泰對於這部助他成名的著作《童年時代》，表示十分嚴酷的態度。

「這是糟透了，」他和比魯科夫說，「這部書缺少文學的誠實！……其中簡直沒有什麼可取。」

但只有他一個人抱有這種見解。本書的原稿，不寫作者的名字，寄給俄羅斯的有名的大雜誌《現代人》[56]，立刻被發表了（一八五二年九月六日），而且獲得普遍的成功，為歐羅巴全部的讀者所一致確認的。然而，雖然其中含有魅人的詩意，細膩的筆致，精微的情感，我們很可懂得以後它會使托爾斯泰憎厭。

它使他憎厭的理由正是使別人愛好的理由。我們的確應當說：除了若干地方人物的記載與極少數的篇幅中含有宗教情操，與感情的現實意味[57]足以動人之外，托爾斯泰的

52 編按：即提比里斯（Tiflis），喬治亞共和國首都。

53 編按：皮亞季戈爾斯克（Piatigorsk）是北高加索地區的一座城市，以溫泉渡假區聞名。

54 他那時代寫給塔佳娜姑母的信是充滿了熱淚。他確如他所說的「Liova-riova」（善哭的列夫）。（一八五二年正月六日書）

55 《一個紳士的早晨》是《一個俄國產業者小說》計畫中的斷片。《哥薩克》是一部關於高加索的大小說之一部分。偉大的《戰爭與和平》在作者的思想中是一部時代史詩的開端，《十二月黨人》應當是小說的中心。

56 編按：《現代人》（*Sovrémennik*）是一本俄羅斯文學、社會和政治雜誌，一八三六到一八六六年在聖彼得堡發行。

57 朝山者格里莎，或母親的死。

個性在此表露得極少。書中籠罩著一種溫柔的感傷情調，為以後的托爾斯泰所表示反感，而在別的小說中所摒除的。這感傷情調，我們是熟識的，我們熟識這些幽默和熱淚；它們是從狄更斯那裡來的。在他八十一年的最愛的讀物中，托爾斯泰在《日記》中說過是：「狄更斯的《大衛．科波菲爾》[58]巨大的影響。」他在高加索時還在重新流覽這部小說。

他自己所說的還有兩種影響：斯特恩[59]與特普費爾[60]。「我那時，」他說，「受著他們的感應。」[61]

誰會想到《日內瓦短篇》[62]竟是《戰爭與和平》的作者的第一個模型呢？可是一經知道，便不難在《童年時代》中找到它們熱情而狡猾的純樸，移植在一個更為貴族的天性中的痕跡。

因此，托爾斯泰在初期，對於群眾已是一個曾經相識的面目。但他的個性不久便開始肯定了。不及《童年時代》那麼純粹那麼完美的《少年時代》（一八五三），指示出一種更特殊的心理，對於自然的強烈的情操，一顆為狄更斯與特普費爾所沒有的苦悶的心魂。《一個紳士的早晨》（一八五二年十月）中[63]，托爾斯泰的性格，觀察的大膽的真誠，對於愛的信心，都顯得明白地形成了。這短篇小說中，他所描繪的若干農人的出色的肖像已是《民間故事與童話》中最美的描寫的發端；例如他的《養蜂老人》[64]在此已可窺見它的輪廓：在樺樹下的矮小的老人，張開著手，眼睛望著上面，光禿的頭在太陽中發光，成群的蜜蜂在他周圍飛舞，不刺他而在他頭頂上環成一座冠冕……

但這時期的代表作卻是直接灌注著他當時的情感之作，如高加索紀事。其中第一篇《侵略》（完成於一八五二年十二月二十四日），其中壯麗的景色，尤足動人：在一條河流旁邊，在萬山叢中的日出；以強烈生動的筆致寫出陰影與聲音的夜景；而晚上，當積雪的山峰在紫色的霧氛中消失的時候，士兵的美麗的歌聲在透明的空氣中飄蕩。

---

58 編按：即《塊肉餘生記》（*David Copperfield*）。

59 譯按：十八世紀英國作家。編按：即勞倫斯・斯特恩（Laurence Sterne, 1713-1768），英國感傷主義小說家。

60 編按：即魯道夫・托普弗（Rodolphe Töpffer, 1799-1846），瑞士教師、作家、畫家、漫畫家和漫畫家，以其插畫書而聞名，被譽為連環畫之父。

61 在致比魯科夫的信中。

62 編按：*Nouvelles Genevoises*。

63 《一個紳士的早晨》在一八五五年至一八五六年間才完成。

64 《兩個老人》。（一八八五年）

《戰爭與和平》中的好幾個典型人物在此已在嘗試著生活了：如赫洛波夫大尉那個真正的英雄，他的打仗，絕非為了他個人的高興而因為這是他的責任。他是「那些樸實的，鎮靜的，令人歡喜用眼睛直望著他的俄羅斯人物」中之一員。陰鬱的，笨拙的，有些可笑的，從不理會他的周圍的一切，在戰事中，當大家都改變時，他一個人卻不改變；「他，完全如人家一直所見的那樣：同樣鎮靜的動作，同樣平穩的聲調，在天真而陰鬱的臉上亦是同樣質樸的表情」。在他旁邊，一個中尉，扮演著萊蒙托夫的主人翁，他的本性是善良的，卻裝作似乎粗野蠻橫。還有那可憐的少尉，在第一仗上高興得了不得，可愛又可笑的，準備抱著每個人的頸項親吻的小傢伙，愚蠢地死於非命，如彼佳．羅斯托夫。在這些景色中，顯露出托爾斯泰的面目，冷靜地觀察著而不參與他的同伴們的思想；他已經發出非難戰爭的呼聲：

在這如此美麗的世界上，在這廣大無垠、星辰密布的天空之下，人們難道不能安適地生活麼？在此他們怎能保留著惡毒、仇恨和毀滅同類的情操？人類心中一切惡的成分，一經和自然接觸便應消滅，因為自然是美與善的最直接的表現。[65]

在這時期觀察所得的別的高加索紀事，到了一八五四至一八五五年間才寫成，例如《伐木》[66]，一種準確的寫實手法，稍嫌冷峻，但充滿了關於俄羅斯軍人心理的奇特的記載——這是預示未來的紀錄；一八五六年又寫成《在別動隊中和一個莫斯科的熟人的相遇》[67]，描寫一個失意的上流人物，變成一個放浪的下級軍官，懦怯、酗酒、說謊，他甚至不能如他所輕視的士兵一般，具有被殺的意念，他們中最渺小的也要勝過他百倍。

在這一切作品之上，矗立著這第一期山脈的最高峰，托爾斯泰最美的抒情小說之一，是他青春的歌曲，亦是高加索的頌詩：《哥薩克》[68]。白雪連綿的群山，在光亮的天空映射著它們巍峨的線條，它們的詩意充滿了全書。在天才的開展上，這部小說是獨一無二之作，正如托爾斯泰所說的：「青春的強有力的神威，永遠不能復得的天才的飛躍。」春泉的狂流！愛情的洋溢！

---

65 《侵略》。（全集卷二）

66 全集卷三。

67 全集卷四。

68 雖然這些作品在一八六〇年時才完成（發刊的時期是一八六三年），但這部著作中的大部分卻在此時寫成的。

「我愛，我那麼愛！……勇士們！善人們！他反覆地說，他要哭泣。為什麼？誰是勇士？他愛誰？他不大知道。」[69]

這種心靈的陶醉，無限制地流溢著。書中的主人翁奧列寧和托爾斯泰一樣，到高加索來尋求奇險的生活；他迷戀了一個高加索少女，沉浸入種種矛盾的希望中。有時他想：「幸福，是為別人生活，犧牲自己」，有時他想：「犧牲自己只是一種愚蠢」；於是他簡直和高加索的一個老人葉羅什卡同樣地想：「一切都是值得的。神造出一切都是為了人類的歡樂。沒有一件是犯罪。和一個美麗的女子玩不是一樁罪惡而是靈魂得救。」可是又何用思想呢？只要生存便是。生存是整個的善，整個的幸福，至強的、萬有的生命：「生」即是神。一種狂熱的自然主義煽惑而且吞噬他的靈魂。迷失在森林中，「周圍盡是野生的草木，無數的蟲鳥，結隊的蚊蚋，黝暗的綠翳，溫暖而芬芳的空氣，在草葉下面到處潛流著濁水」，離開敵人的陷阱極近的地方，奧列寧「突然感到無名的幸福，依了他童時的習慣，他畫著十字，感謝著什麼人」。如一個印度的托缽僧一般，他滿足地說，他獨自迷失在吸引著他的人生的漩渦中，到處潛伏著的無數看不見的生物窺伺著他的死，成千成萬的蟲類在他周圍嗡嗡地互相喊著：

「這裡來，這裡來，同伴們！瞧那我們可以刺一下的人！」

顯然他在此不復是一個俄國士紳，莫斯科的社會中人，某人某人的朋友或親戚，而只是一個生物，如蚊蚋，如雉鳥，如麋鹿，如在他周圍生存著徘徊著一切生物一樣。

他將如它們一般生活，一般死亡。「青草在我上面生長。……」

而他的心是歡悅的。

在青春的這一個時間，托爾斯泰生活在對於力、對於人生之愛戀的狂熱中。他抓扼自然而和自然融化，是對著自然他發洩他的悲愁、他的歡樂和他的愛情[70]。但這種浪漫

69《哥薩克》。（全集卷三）

70 奧列寧說：「也許在愛高加索女郎時，我在她身上愛及自然……在愛她時，我感到自己和自然分離不開。」他時常把他所愛的人與自然做比較。「她和自然一樣是平等的，鎮靜的，沉默的。」此外，他又把遠山的景致與「這端麗的女子」相比。

底克的陶醉，從不能淆亂他的清晰的目光。更無別的足以和這首熱烈的詩相比，更無別的能有本書中若干篇幅的強有力的描寫，和真切的典型人物的刻畫。自然與人間的對峙，是本書的中心思想，亦是托爾斯泰一生最愛用的主題之一，他的信條之一，而這種對峙已使他找到《克勒策奏鳴曲》[71]的若干嚴酷的語調，以指責人間的喜劇。但對於一切他所愛的人，他亦同樣的真實；自然界的生物，美麗的高加索女子和他朋友們都受著他明辨的目光燭照，他們的自私、貪婪、狡獪惡習，一一描畫無遺。

高加索，尤其使托爾斯泰喚引起他自己生命中所蓄藏的深刻的宗教性。人們對於這真理精神的初次昭示往往不加相當的闡發。他自己亦是以保守祕密為條件才告訴他青春時代的心腹，他的年輕的亞歷山卓．安德列耶芙娜姑母。在一八五九年五月三日的一封信中，他向她「發表他的信仰」：

「兒時，」他說，「我不加思想，只以熱情與感傷而信仰。十四歲時，我開始思慮著人生問題；而因為宗教不能和我的理論調和，我把毀滅宗教當作一件值得讚美的事……於我一切是明白的、論理的，一部一部分析得很好的，而宗教，卻並沒安插它的地位……以後，到了一個時期，人生於我已毫無祕密，但在那時起，人生亦開始喪失了它的意義。**那時候——這是在高加索——我是孤獨的、苦惱的。我竭盡我所有的精神力**

量，如一個人一生只能這樣地作一次的那樣。……這是殉道與幸福的時期。從來（不論在此時之前或後）我沒有在思想上達到那樣崇高的地位，我不曾有如這兩年中的深刻的觀察，而那時我所找到的一切便成為我的信念……在這兩年的持久的靈智工作中，我發現一條簡單的，古老的，但為我是現在才知道而一般人尚未知道的真理；我發現人類有一點不朽性，有一種愛情，為要永久幸福起見，人應當為了別人而生活。這些發現使我非常驚訝，因為它和基督教相似；於是我不復向前探尋而到《聖經》中去求索了。但我找不到什麼東西。我既找不到神，亦找不到救主，更找不到聖典，什麼都沒有……但我竭盡我靈魂的力量尋找，我哭泣，我痛苦，我只是欲求真理……這樣，我和我的宗教成為孤獨了。」

在信末，他又說：

「明白了解我啊！……我認為，沒有宗教，人是既不能善，亦不能幸福；我願占有它較占有世界上任何東西都更牢固；我覺得沒有它我的心會枯萎……但我不信仰。為我，是人生創造了宗教，而非宗教創造人生……我此時感到心中那麼枯索，需要一種宗

71 奧列寧在致他的俄羅斯友人們的信中便有此等情調。編按：即《克魯采奏鳴曲》。

教。神將助我。這將會實現……自然對於我是一個引路人，它能導引我們皈依宗教，每人有他不同而不認識的道路；這條路，只有在每人的深刻處才能找它……」

《塞瓦斯托波爾紀事》

《三個死者》

一八五三年十一月，俄羅斯向土耳其宣戰。托爾斯泰初時在羅馬尼亞軍隊中服務，以後又轉入克里米亞軍隊，一八五四年十一月七日，他到塞瓦斯托波爾[1]。他胸中燃燒著熱情與愛國心。他勇於盡責，常常處於危險之境，尤其在一八五五年四月至五月間，他三天中輪到一天在第四稜堡的炮臺中服務。

成年累月地生活於一種無窮盡的緊張與戰慄中，和死正對著，他的宗教的神祕主義又復活了。他和神交談著。一八五五年四月，他在《日記》中記有一段禱文，感謝神在危險中保護他並請求祂繼續予以默佑，「以便達到我尚未認識的，生命的永恆的與光榮的目的……」他的這個生命的目的，並非是藝術，而已是宗教。一八五五年三月五日，

1 編按：塞瓦斯托波爾（Sébastopol）是位於克里米亞半島西南岸的港口都市，面對黑海。

他寫道：

我已歸結到一個偉大的思想，在實現這思想上，我感到可以把我整個的生涯奉獻給它。這思想，是創立一種新宗教，基督的宗教，但其教義與神祕意味是經過澄清的……用極明白的意識來行動，以便把宗教來結合人類。[2]

這將是他暮年時的問題。

可是，為了要忘掉眼前的情景起見，他重新開始寫作。在槍林彈雨之下，他怎麼能有必不可少的精神上的自由來寫他的回憶錄的第三部《青年時代》？那部書是極混沌的：它的紊亂，及其抽象分析的枯索，如司湯達式的層層推進的解剖，大抵是本書誕生時的環境造成的[3]。但一個青年的頭腦中所展演的模糊的幻夢與思想，他竟有鎮靜深刻的探索，亦未始不令人驚歎。作品顯得對於自己非常坦率。而在春日的城市寫景，懺悔的故事，為了已經遺忘的罪惡而奔往修道院去的敘述中，又有多少清新的詩意！一種熱烈的泛神論調，使他書中若干部分含有一種抒情的美，其語調令人回想起高加索紀事。例如這幅夏夜的寫景：

新月發出它沉靜的光芒。池塘在閃耀。老樺樹的茂密的枝葉，一面在月光下顯出銀白色，另一面，它的黑影掩蔽著棘叢與大路。鵪鶉在塘後鳴噪。兩棵老樹互相輕觸的聲息，不可聞辨。蚊蠅嗡嗡，一只蘋果墮在枯萎的落葉上，青蛙一直跳上階石，綠色的背在月下發光……月漸漸上升懸在天空，普照宇宙；池塘的光彩顯得更明亮，陰影變得更黝黑，光亦愈透明……而我，微賤的蟲蛆，已經沾染著一切人間的熱情，但因了愛情的巨力，這時候，自然、月，和我，似乎完全融成一片。[4]

但當前的現實，在他心中較之過去的夢景更有力量；它迫使他注意。《青年時代》因此沒有完成；而這位伯爵列夫・托爾斯泰中隊副大尉，在棱堡的障蔽下，在隆隆的炮

2 《日記》。

3 在同時代完成的《伐木》一著中，亦有此等方式，例如「愛有三種：一、美學的愛；二、忠誠的愛；三、活躍的愛；等等。」（《青年時代》）——或如「兵有三種：一、服從的；二、橫暴的；三、偽善的；——他們更可分為：A.冷靜的服從者；B.逢迎的服從者；C.酗酒的服從者；等等。」見《伐木》。

4 《青年時代》第三十二章。（全集卷二）

聲中，在他的同伴間，觀察著生人與垂死者，在他的不可磨滅的《塞瓦斯托波爾紀事》中寫出他們的和他自己的悽愴。

這三部紀事——《一八五四年十二月之塞瓦斯托波爾》、《一八五五年五月之塞瓦斯托波爾》、《一八五五年八月之塞瓦斯托波爾》——往常是被人籠統地加以同一地來批判的。但它們實在是十分歧異的。尤其是第二部，在情操上，在藝術上，與其他二部不同。第一、第三兩部被愛國主義統治著；第二部則含有確切不移的真理。

據說俄后讀了第一部紀事之後[5]，不禁為之下淚，以至俄皇在驚訝歎賞之中下令把原著譯成法文，並令把作者移調，離開危險區域。這是我們很能了解的。在此只有鼓吹愛國與戰爭的成分。托爾斯泰入伍不久；他的熱情沒有動搖；他沉溺在英雄主義中。他在衛護塞瓦斯托波爾的人中還未看出野心與自負心，還未窺見任何卑鄙的情操。對於他，這是崇高的史詩，其中的英雄「堪與希臘的媲美」。此外，在這些紀事中，毫無經過想像方面的努力的痕跡，毫無客觀表現的試練；作者只是在城中閒步；他以清明的目光觀看，但他講述的方式，卻太拘謹：「你看……你進入……你注意……」這是巨帙的新聞紀錄加入對於自然的美麗的印象做為穿插。

第二幕情景是全然不同的：《一八五五年五月之塞瓦斯托波爾》。篇首，我們即讀到：

千萬的人類自尊心在這裡互相衝撞，或在死亡中寂滅……

後面又說：

> ……因為人是那麼多，故虛榮亦是那麼多……虛榮，虛榮，到處是虛榮，即是在墓門前面！這是我們這世紀的特殊病……為何荷馬與莎士比亞時之輩談著愛、光榮與痛苦，而我們這世紀的文學只是虛榮者和趨崇時尚之徒的無窮盡的故事呢？

紀事不復是作者的簡單的敘述，而是直接使人類與情欲角逐，暴露英雄主義的背面。托爾斯泰犀利的目光在他同伴們的心底探索；在他們心中如在他自己心中一樣，他看到驕傲，恐懼，死在臨頭尚在不斷地演變的世間的喜劇。尤其是恐懼被他確切認明了，被他揭除了面幕，赤裸裸地發露了。這無窮的危懼，這畏死的情操，被他毫無顧

---

5 寄給《現代人》雜誌，立刻被發表了。

忌、毫無憐惜地剖解了，他的真誠竟至可怕的地步[6]。在塞瓦斯托波爾，托爾斯泰的一切的感傷情調盡行喪失了，他輕蔑地指為「這種浮泛的，女性的，只知流淚的同情」。他的分析天才，在他少年時期已經覺醒，有時竟含有病態[7]，但這項天才，從沒有比描寫普拉斯胡辛之死達到更尖銳、更富幻想的強烈程度。當炸彈墮下而尚未爆烈的一秒鐘內，不幸者的靈魂內所經過的情景，有整整兩頁的描寫——另外一頁是描寫當炸彈爆烈之後，「都受著轟擊馬上死了」，這一剎那間的胸中的思念。[8]

彷如演劇時休息期間的樂隊一般，戰場的景色中展開了鮮明的大自然，陰雲遠去，豁然開朗，而在成千成萬的人呻吟轉側的莊嚴的沙場上，發出白日的交響曲，於是基督徒托爾斯泰，忘記了他第一部敘述中的愛國情調，詛咒那違叛神道的戰爭：

而這些人，這些基督徒——在世上宣揚偉大的愛與犧牲的律令的人，看到了他們所做的事，在賜予每個人的心魂以畏死的本能與愛善愛美的情操的神前，竟不跪下懺悔！他們竟不流著歡樂與幸福的眼淚而互相擁抱，如同胞一般！

在結束這一短篇時——其中的慘痛的語調，為他任何別的作品所尚未表現過的——

托爾斯泰懷疑起來。也許他不應該說話的？

一種可怕的懷疑把我壓抑著。也許不應當說這一切。我所說的，或即是惡毒的真理之一，無意識地潛伏在每個人的心魂中，而不應當明言以致它成為有害，如不當攪動酒糟以免弄壞了酒一樣。哪裡是應當避免去表白的罪惡？哪裡是應當模仿的、美的表白？誰是惡人誰是英雄？一切都是善的，一切亦都是惡的……

但他高傲地鎮定了：

6 許多年以後，托爾斯泰重複提及這時代的恐懼。他和他的朋友捷涅羅莫〔編按：Ténéromo〕述及他有一夜睡在壕溝掘成的臥室中恐怖到極點的情景。

7 稍後，德魯日寧〔編按：Droujinine, 1824-1864〕友誼地叮囑他當心這危險：「你傾向於一種極度縝密的分析精神；它可以變成一個大缺點。有時，你竟會說出：某人的足踝指出他有往印度旅行的欲願……你應當抑制這傾向，但不要無緣無故地把它完全阻塞了。」（一八五六年書）

8 全集卷四，第八二至八五頁。

我這短篇小說中的英雄，為我全個心魂所愛的，為我努力表現他全部的美的，他不論在過去，現在或將來，永遠是美的，這即是真理本身。

讀了這幾頁[9]，《現代人》雜誌的主編涅克拉索夫[10]寫信給托爾斯泰說：

這正是今日俄國社會所需要的：真理，真理自果戈理[11]死後俄國文學上所留存極少的……你在我們的藝術中所提出的真理對於我們完全是新的東西。我只怕一件：我怕時間，人生的懦怯，環繞我們的一切昏瞶癡聾會把你收拾了，如收拾我們中大半的人一樣——換言之，我怕它們會消滅你的精力。[12]

可是不用怕這些。時間會消磨常人的精力，對於托爾斯泰，卻更加增他的精力。但即在那時，嚴重的困難，塞瓦斯托波爾的失陷，使他在痛苦的虔敬的情操中悔恨他的過於嚴正的坦白。他在第三部敘述——《一八五五年八月之塞瓦斯托波爾》——中，講著兩個以賭博而爭吵的軍官時，他突然中止了敘述，說：

但在這幅景象之前趕快把幕放下吧。明日，也許今天，這些人們將快樂地去就義。在每個人的靈魂中，潛伏著高貴的火焰，有一天會使他成為一個英雄。

這種顧慮固然沒有絲毫減弱故事的寫實色彩，但人物的選擇已可相當地表現作者的同情了。馬拉科夫的英雄的事蹟和它的悲壯的失陷，便象徵在兩個動人的高傲的人物中：這是弟兄倆，哥哥名叫科澤爾特佐夫大佐，和托爾斯泰頗有相似之處[13]，另外一個是沃洛佳旗手，膽怯的、熱情的、狂亂的獨白，種種的幻夢，溫柔的眼淚，無緣無故會淌出來的眼淚，怯弱的眼淚，初入棱堡時的恐怖（可憐的小人兒還怕黑暗，睡眠時把頭藏在帽子裡），為了孤獨和別人對他的冷淡而感到苦悶，以後，當時間來到，他卻在危

9 這幾頁是被檢查處禁止刊載的。

10 編按：涅克拉索夫（Nikolay Nekrasov, 1821-1878）是俄國詩人、作家、批評家及出版商。

11 編按：即果戈里（Nikolai Gogol, 1809-1852），烏克蘭裔俄羅斯作家，他的《死靈魂》（*Dead Souls*, 842）是俄羅斯文學走向獨創性和民族性的重要標誌。

12 一八五五年九月二日書。

13 「他的自尊心和他的生命融和在一起了；他看不見還有別的路可以選擇：不是富有自尊心便是把自己毀滅……他愛在他舉以和自己相比的人中成為具有自尊心的人物。」

險中感到快樂。這一個是屬於一組富有詩意的面貌的少年群的（如《戰爭與和平》中的彼佳和《侵略》中的少尉），心中充滿了愛，他們高興地笑著去打仗，突然莫名其妙地在死神前折喪了。弟兄倆同日——守城的最後一天——受創死了。那篇小說便以怒吼著愛國主義的呼聲的句子結束了：

> 軍隊離開了城。每個士兵，望著失守的塞瓦斯托波爾，心中懷著一種不可辨別的悲苦，歎著氣把拳頭向敵人遙指著。[14]

從這地獄中出來——在一年中他觸到了情欲、虛榮與人類痛苦的底蘊——一八五五年十一月，托爾斯泰周旋於聖彼得堡的文人中間，他對於他們感著一種憎惡與輕蔑。他們的一切於他都顯得是卑劣的、謊騙的。從遠處看，這些人似乎是在藝術的光威中的人物——即如屠格涅夫[15]，他所佩服而最近把他的《伐木》題贈給他的——近看卻使他悲苦地失望了。一八五六年時代的一幅肖像，正是他處於這個團體中時的留影：屠格涅夫，岡察洛夫[16]，奧斯特洛夫斯基[17]，格里戈羅維奇[18]，德魯日寧。在別人那種一任自然的態度旁邊，他的禁欲的、嚴峻的神情，骨骼嶙露的頭，深凹的面頰，僵直地交叉著的手臂，顯得非常觸目。穿著軍服，立在這些文學家後面，正如蘇亞雷斯所寫說：「他不似參與這集團，更像是看守這些人物。竟可說他準備著把他們押送到監獄中去的樣子。」[19]

可是大家都恭維這初來的年輕的同道；他是擁有雙重的光榮：作家兼塞瓦斯托波爾的英雄。屠格涅夫，在讀著塞瓦斯托波爾的各幕時哭著喊 Hourra 的，此時親密地向他伸著手，但兩人不能諒解。他們固然具有同樣清晰的目光，他們在視覺中卻灌注入兩個敵對的靈魂色彩：一個是幽默的，顫動的，多情的，幻滅的，迷戀美的；另一個是強項的，驕傲的，為著道德思想而苦悶的，孕育著一個尚在隱蔽之中的神道的。

---

14 一八八九年，托爾斯泰為葉爾喬夫〔編按：A.-J. Erchov〕的《一個炮隊軍官的塞瓦斯托波爾回憶錄》〔編按：*Souvenirs de Sèbastopol par un officier d'artillerie*〕作序時重新在思想上追懷到這些情景。一切帶有英雄色彩的往事都消失了。他只想起七日七夜的恐怖——雙重的恐怖：怕死又是怕羞——可怕的精神苦痛。一切守城的功勳，為他是「曾經做過炮銃上的皮肉」。

15 編按：屠格涅夫（Ivan Turgenev, 1818-1883），俄國現實主義小說家、詩人和劇作家。

16 編按：岡察洛夫（Ivan Goncharov, 1812-1891），俄羅斯小說家。

17 編按：奧斯特洛夫斯基（Alexander Ostrovsky, 1823-1886），俄國劇作家，俄國現代劇院創建者。

18 編按：格里戈羅維奇（Dmitry Grigorovich, 1822-1900），被譽為第一位真實描繪俄羅斯農村生活並公開譴責農奴制度的俄羅斯作家。

19 蘇亞雷斯著：《托爾斯泰》〔編按：*Tolstoï*〕。（一八九九年出版）

托爾斯泰所尤其不能原諒這些文學家的，是他們自信為一種優秀階級，自命為人類的首領。在對於他們的反感中，他彷彿如一個貴族、一個軍官對於放浪的中產階級與文人那般驕傲[20]。還有一項亦是他的天性的特徵——他自己亦承認——便是「本能地反對大家所承認的一切判斷」[21]。對於人群表示猜疑，對於人類理性含藏著幽密的輕蔑，這種性情使他到處發覺自己與他人的欺罔及謊騙。

他永遠不相信別人的真誠。一切道德的躍動於他顯得是虛偽的。他對於一個為他覺得沒有說出實話的人，慣用他非常深入的目光逼視著他……[22]

他怎樣地聽著！他用深陷在眼眶裡的灰色的眼睛怎樣的直視著他的對手！他的口唇抿緊著，用著何等的譏諷的神氣！[23]

屠格涅夫說，他從沒有感得比他這副尖銳的目光，加上二三個會令人暴跳起來的惡毒的辭句，更難堪的了。[24]

托爾斯泰與屠格涅夫第一次會見時即發生了劇烈的衝突[25]。遠離之後，他們都鎮靜下來努力要互相表示公道。但時間只使托爾斯泰和他的文學團體分隔得更遠。他不能寬恕這些藝術家一方面過著墮落的生活，一方面又宣揚什麼道德。

我相信差不多所有的人，都是不道德的，惡的，沒有品性的，比我在軍隊流浪生活中所遇到的人要低下得多。而他們竟對自己很肯定，快活，好似完全健全的人一樣。他們使我憎厭。[26]

---

20 在某次談話中，屠格涅夫埋怨「托爾斯泰對於貴族出身的無聊的驕傲與自大」。

21 「我的一種性格，不論是好是壞，但為我永遠具有的，是我不由自主地老是反對外界的帶有傳染性的影響：我對於一般的潮流感著厭惡。」（致比魯科夫書）

22 屠格涅夫語。

23 格里戈羅維奇語。

24 于也納．迦爾希納〔編按：Eugène Garchine, 1830-1909〕著：《關於屠格涅夫的回憶》〔編按：*Souvenirs sur Tourguéniev*〕。（一八八三年）參看比魯科夫著：《托爾斯泰——生活與作品》。

25 一八六一年，兩人發生最劇烈的衝突，以致終身不和。屠格涅夫表示他的泛愛人間的思想，談著他的女兒所幹的慈善事業。可是對於托爾斯泰，再沒有比世俗的浮華的慈悲使他更憤怒的了。「我想，」他說，「一個穿裝得很考究的女郎，在膝上拿著些齷齪的破衣服，不啻是扮演缺少真誠性的喜劇。」爭辯於以發生。屠格涅夫大怒，威嚇托爾斯泰要批他的頰。托爾斯泰勒令當時便用手槍決鬥以賠償名譽。屠格涅夫就後悔他的鹵莽，寫信向他道歉。但托爾斯泰絕不原諒。卻在二十年之後，在一八七八年，還是托爾斯泰懺悔著他過去的一切。在神前捐棄他的驕傲，請求屠格涅夫寬恕他。

26 《懺悔錄》，全集卷十九。

他和他們分離了。但他在若干時期內還保存著如他們一樣的對於藝術的功利觀念[27]。他的驕傲在其中獲得了滿足。這是一種酬報豐富的宗教；它能為你掙得「女人，金錢，榮譽……」

我曾是這個宗教中的要人之一。我享有舒服而極有利益的地位……

為要完全獻身給它，他辭去了軍隊中的職務（一八五六年十一月）。但像他那種性格的人不能長久閉上眼睛的。他相信，願相信進步。他覺得「這個名詞有些意義」。到外國旅行了一次——一八五七年正月二十九日起至七月三十日止，法國、瑞士、德國——這個信念亦為之動搖了[28]。一八五七年四月六日，在巴黎看到執行死刑的一幕，指示出他「對於進步的迷信亦是空虛的……」

當我看到頭從人身上分離了滾到籃中去的時候，在我生命的全力上，我懂得現有的維持公共治安的理論，沒有一條足以證明這種行為的合理。如果全世界的人，依據著若干理論，認為這是必須的，我，我總認為這是不應該的，因為可以決定善或惡的，不是一般人所說的和所做的，而是我的心。[29]

一八五七年七月七日，在盧塞恩[30]看見寓居施魏策爾霍夫[31]的英國富翁不願對一個流浪的歌者施捨，這幕情景使他在《涅赫留多夫親王日記》[32]上寫出他對於一切自由主義者的幻想，和那些「在善與惡的領域中唱著幻想的高調的人」的輕蔑。

為他們，文明是善，野蠻是惡；自由是善，奴隸是惡。這些幻想的認識卻毀滅了本能的、原始的最好的需要。而誰將和我確言何謂自由，何謂奴隸，何謂文明，何謂野

27 「在我們和瘋人院間，」他說，「絕無分別。即在那時，我已模糊地猜度過，但和一切瘋人一樣，我把每個人都認為是瘋子，除了我。」（同前）

28 參看這時期，他給他年輕的亞歷山卓·托爾斯泰婭姑母的信，那麼可愛，充滿著青年的蓬勃之氣。

29 《懺悔錄》。

30 編按：即琉森（Lucerne），位於瑞士中部。

31 編按：Schweizerhof。

32 《涅赫留多夫親王日記》（寫於盧塞恩地方），全集卷五。

鑾？那裡善與惡才不互存並立呢？我們只有一個可靠的指引者，便是鼓勵我們互相親近的普在的神靈。

回到俄羅斯，到他的本鄉亞斯納亞，他重新留意農人運動[33]。這並非是他對於民眾已沒有什麼幻想。他寫道：

民眾的宣道者徒然那麼說，民眾或許確是一般好人的集團；然而他們，只在庸俗、可鄙的方面，互相團結，只表示出人類天性中的弱點與殘忍。[34]

因此他所要啟示的物件並非是群眾，而是每人的個人意識，而是民眾的每個兒童的意識。因為這裡才是光明之所在。他創辦學校，可不知道教授什麼。為學習起見，自一八六〇年七月三日至一八六一年四月二十三日第二次旅行歐洲[35]。

他研究各種不同的教育論。不必說他把這些學說一齊擯斥了。在馬賽的兩次逗留使他明白真正的民眾教育是在學校以外完成的——學校於他顯得可笑的——如報紙、博物院、圖書館、街道、生活，一切為他稱為「無意識的」或「自然的」學校。強迫的學校是他認為不祥的，愚蠢的；故當他回到亞斯納亞・波利亞納時，他要創立而試驗的即是自然的學校[36]。自由是他的原則。他不答應一般特殊階級，「享有特權的自由社會」，把他的學問和錯誤，強使他所全不了解的民眾學習。他沒有這種權利。這種強迫教育的方法，在大學裡，從來不能產生「人類所需要的人，而產生了墮落社會所需要的人：官

33 從瑞士直接回到俄羅斯時，他發現「在俄國的生活是一樁永久的痛苦！……」「在藝術、詩歌與友誼的世界內有一個托庇之所是好的。在此，沒有一個人感到惶亂……我孤獨著，風在吹嘯；外面天氣嚴寒；一切都是髒的，我可憐地奏著貝多芬的一曲〈行板〉；用我凍僵的手指，我感動地流淚；或者我讀著《伊利亞特》（編按：即《伊里亞德》，*The Lliad*），或者我幻想著男人、女人，我和他們一起生活；我在紙上亂塗，或如現在這樣，我想著親愛的人……」（致亞歷山卓・托爾斯泰婭女伯爵書，一八五七年八月十八日）

34 《涅赫留多夫親王日記》。

35 這次旅行中他結識了奧爾巴赫（編按：Berthold Auerbach, 1812-1882）（在德國德累斯頓（編按：即德勒斯登，Dresden）），他是第一個感應他去作民眾教育的人；在基辛根（編按：Kissingen）結識福祿培爾（編按：即福祿貝爾，Friedrich Fröbel, 1782-1852）；在倫敦結識赫爾岑（編按：Alexander Herzen, 1812-1870），在布魯塞爾結識蒲魯東（編按：即普魯東，Pierre-Joseph Proudhon, 1809-1865），似乎給他許多感應。

36 尤其在一八六一至一八六二年間。

吏，官吏式的教授，官吏式的文學家，還有若干毫無目的地從舊環境中驅逐出來的人——少年時代已經驕傲慣了，此刻在社會上亦找不到他的地位，只能變成病態的、驕縱的自由主義者」[37]。應當由民眾來說出他們的需要！如果他們不在乎「一般知識份子強令他們學習的讀與寫的藝術」，他們也自有他們的理由：他有較此更迫切更合理的精神的需要。試著去了解他們，幫助他們滿足這些需求！

這是一個革命主義者的保守家的理論，托爾斯泰試著要在亞斯納亞做一番實驗，他在那裡不像是他的學生們的老師，而更似他們的同學[38]。同時，他努力在農業墾殖中引入更為人間的精神。一八六一年被任為克拉皮夫納區域[39]的地方仲裁人，他在田主與政府濫施威權之下成為民眾保護人。

但不應當相信這社會活動已使他滿足而占據了他整個的身心。他繼續受著種種敵對的情欲支配。雖然他竭力接近民眾，他仍愛，永遠愛社交，他有這種需求。有時，享樂的欲望侵擾他；有時，一種好動的性情刺激他。他不惜冒了生命之險去獵熊。他以大宗的金錢去賭博。甚至他會受他瞧不起的聖彼得堡文壇的影響。從這些歧途中出來，他為了厭惡，陷於精神狂亂。這時期的作品便不幸地具有藝術上與精神上的猶疑不定的痕跡。《兩個輕騎兵》（一八五六年）[40]傾向於典雅、誇大、浮華的表現，在托爾斯泰的全體作品中不相稱的。一八五七年在法國第戎寫的《阿爾貝》[41]是疲弱的、古怪的，缺少他所慣有的深刻與確切。《記數人日記》（一八五六年）[42]更動人，更早熟，似乎表白托爾斯泰對於自己的憎惡。他的化身，涅赫留多夫親王，在一個下流的區處自殺了：

他有一切：財富，聲望，思想，高超的感應；他沒有犯過什麼罪，但他做了更糟的事情：他毒害了他的心，他的青春；他迷失了，可並非為了什麼劇烈的情欲，只是為了缺乏意志。

死已臨頭也不能使他改變：

---

37 《教育與修養》。參看《托爾斯泰——生活與作品》卷二。

38 托爾斯泰於《亞斯納亞．波利亞納》〔編按：*Iasnaïa Poliana*〕雜誌中發表他的理論（一八六二年），全集卷十三。

39 編按：Krapivna。

40 全集卷四。編按：即《兩個驃騎兵》。

41 全集卷五。

42 同前。

同樣奇特的矛盾，同樣的猶豫，同樣的思想上的輕佻……

死……這時代，它開始纏繞著托爾斯泰的心魂。在《三個死者》（一八五八至一八五九）[43]中，已可預見《伊萬．伊里奇之死》一書中對於死的陰沉的分析，死者的孤獨，對於生人的怨恨，他的絕望的問句：「為什麼？」《三個死者》——富婦，癆病的老御者，斫斷的樺樹——確有他們的偉大；肖像刻劃得頗為逼真，形象也相當動人，雖然這作品的結構很鬆懈，而樺樹之死亦缺少加增托爾斯泰寫景的美點的確切的詩意。在大體上，我們不知他究竟是致力於為藝術的藝術抑是具有道德用意的藝術。

托爾斯泰自己亦不知道。一八五九年二月十四日，在莫斯科的俄羅斯文學鑒賞人協會的招待席上，他的演辭是主張為藝術而藝術[44]；倒是該會會長霍米亞科夫[45]，在向「這個純藝術的文學的代表」致敬之後，提出社會的與道德的藝術和他抗辯[46]。

一年之後，一八六〇年九月十九日，他親愛的哥哥，尼古拉，在耶爾地方[47]患肺病死了[48]，這噩耗使托爾斯泰大為震驚，以至「搖動了他在善與一切方面的信念」，使他唾棄藝術：

43 全集卷六。編按：即《三死》。

44 演辭的題目是：《論文學中藝術成分優於一切暫時的思潮》〔編按：*Supériorité de l'élément artistique dans la littérature sur tous ses courants temporaires*〕。

45 編按：霍米亞科夫（Aleksey Khomyakov, 1804-1860）。俄羅斯神學家、哲學家、詩人和業餘藝術家。

46 他提出托爾斯泰自己的作品《三個死者》做為抗辯的根據。

47 編按：Hyères，法國東南部城市。

48 托爾斯泰的另一個兄弟德米特里已於一八五六年患肺病而死了，一八五六、一八六二、一八七一諸年，托爾斯泰自以為亦染著了。他是，如他於一八五二年十月二十八日所寫的，「氣質強而體質弱」的人，他老是患著牙痛、喉痛、眼痛、骨節痛。一八五二年在高加索時，他「至少每星期二天必須留在室內」。一八五四年，疾病使他在從錫利斯特拉〔編按：Silistrie〕到塞瓦斯托波爾的途中耽擱了幾次。一八五六年，他在故鄉患肺病甚重。一八六二年，為了恐怕肺癆之故，他赴薩馬拉地方〔編按：Samara〕療養。自一八七〇年後，他幾乎每年要去一次。他和費特〔編按：Fet〕的通信中充滿了這些關於疾病的事情。這種健康時時受損的情景，令人懂得他對於死的憧憬。以後，他講起他的病，好似他的最好的友人一般：「當一個人病時，似乎在一個平坦的山坡上往下走，在某處，障著一層極輕微的布幕：在幕的一面是生，那一面是死。在精神的價值上，病的狀態比健全的狀態是優越得多了，不要和我談起那些沒患過病的人們！他們是可怕的，尤其是女子！一個身體強壯的女子，這是一頭真正獷野的獸類！」（與布瓦耶的談話，見一九〇一年八月二十七日巴黎《時報》）

真理是殘酷的……無疑的，只要存在著要知道真理而說出真理的欲願，人們便努力要知道而說出。這是我道德概念中所留存的唯一的東西。這是我將實行的唯一的事物，可不是用你的藝術。藝術，是謊言，而我不能愛美麗的謊言。[49]

然而，不到六個月之後，他在《波利庫什卡》[50]一書當中重複回到「美麗的謊言」，這或竟是，除了他對於金錢和金錢的萬惡能力的詛咒外，道德用意最少的作品，純粹為著藝術而寫的作品；且亦是一部傑作，我們所能責備它的，只有它過於富麗的觀察，足以寫一部長篇小說的太豐盛的材料，和詼諧的開端與太嚴肅的轉紐間的過於強烈、微嫌殘酷的對照[51]。

49 一八六〇年十月十七日致費特書。

50 一八六一年寫於比京布魯塞爾。

51 同時代的另一篇短篇小說，一篇簡單的遊記，名字叫做《雪的苦悶》（一八五六年），描寫他個人的回憶，具有一種極美的詩的印象，簡直是音樂般的。其中的背景，一部分又為托爾斯泰移用在《主與僕》（一八九五年）一書中。

《夫婦間的幸福》

這個過渡時期內，托爾斯泰的天才在摸索，在懷疑自己，似乎在不耐煩起來，「沒有強烈的情欲，沒有主宰一切的意志」，如《記數人日記》中的涅赫留多夫親王一般，可是在這時期中產生了他迄今為止從未有過的精純的作品：《夫婦間的幸福》（一八五九年）[1]。這是愛情的奇蹟。

許多年來，他已經和別爾斯一家友善。他輪流地愛過她們母女四個[2]。後來他終於確切地愛上了第二個女郎。但他不敢承認。索菲婭·安德列耶芙娜·別爾斯[3]還是一個

1 全集卷五；編按：即《家庭幸福》。

2 童時，在一個嫉妒的爭執中，他把他的遊戲的伴侶——未來的別爾斯夫人，那時只有九歲，從陽臺上推下，以致她在長久的時期內成為跛足。

3 編按：Sophia Andreyevna Bers（1844-1919）。

孩子：她只十七歲；他已經三十餘歲：自以為是一個老人，已沒有權利把他衰憊的、汙損的生活和一個無邪少女的生活結合了。他隱忍了三年[4]。以後，他在《安娜．卡列尼娜》中講述他怎樣對索菲婭．別爾斯宣露他的愛情和她怎樣回答他的經過——兩個人用一塊鉛粉，在一張桌子上描劃他們所不敢說的言詞的第一個字母。如《安娜．卡列尼娜》中的列文一般，他的極端的坦白，使他把《日記》給與他的未婚妻流覽，使她完全明瞭他過去的一切可羞的事；亦和《安娜．卡列尼娜》中的基蒂[5]一樣，索菲婭為之感到一種極端的痛苦。一八六二年九月二十三日，他們結婚了。

但以前的三年中，在寫《夫婦間的幸福》時，這婚姻在詩人思想上已經完成了[6]。在這三年內，他在生活中早已體驗到：愛情尚在不知不覺間的那些不可磨滅的日子，愛情已經發露了的那些醉人的日子，期待中的神聖幽密的情語吐露的那時間，為了「一去不回的幸福」而流淚的時間，還有新婚時的得意，愛情的自私，「無盡的、無故的歡樂」；接著是厭倦，模模糊糊的不快，單調生活的煩悶，兩顆結合著的靈魂慢慢地分解了，遠離了，更有對於少婦含有危險性的世俗的迷醉——如賣弄風情、嫉妒、無可挽救的誤會——於是愛情掩幕了，喪失了；終於，心的秋天來了，溫柔的、淒涼的景況，重現的愛情的面目變得蒼白無色，衰老了，因了流淚，皺痕，各種經歷的回憶；互相損傷的追悔，虛度的歲月而更淒惻動人；——以後便是晚間的寧靜與清明，從愛情轉到友誼，從熱情的傳奇生活轉到慈祥的母愛的這個莊嚴的階段……應當臨到的一切，一切，托爾斯泰都已預先夢想到，體味到。而且為要把這一切生活得更透徹起見，他便在愛人身上實驗。第一次——也許是托爾斯泰作品中唯一的一次——小說的故事在一個婦人心中展演，而且由她口述。何等的微妙！籠罩著貞潔之網的心靈的美……這一次，托爾斯泰的分析放棄了他微嫌強烈的光彩，它不復熱烈地固執著要暴露真理。內心生活的祕密不是傾吐出來而唯令人窺測得到。托爾斯泰的藝術與心變得柔和了。形式與思想獲得和諧的均衡：《夫婦間的幸福》具有一部拉辛式作品的完美。

---

4 參看《夫婦間的幸福》中謝爾蓋的傾訴：「假定一位先生A，一個相當地生活過了的老人，一個女子B，年輕的，既不認識男子亦不認識人生。由於種種家庭的環境，他如愛女兒一般地愛她，想不能用另一種方式去愛她……」

5 編按：Kitty，又譯吉媞。

6 在這部作品中，也許他還加入若干回憶；一八五六年他在亞斯納亞寫過一部愛情小說沒有完成，其中描寫一個和他十分不同的少女，十分輕佻與浮華的，為他終於放棄了的，雖然他們互相真誠地愛戀。

婚姻，為托爾斯泰已深切地預感到它的甜蜜與騷亂的，卻是他的救星。他是疲乏了，病了。厭棄自己，厭棄自己的努力。在最初諸作獲得盛大的成功之後，繼以批評界的沉默與群眾的淡漠[7]。高傲地，他表示頗為得意。

我的聲名喪失了不少的普遍性，這普遍性原使我不快。現在，我放心了，我知道我有話要說，而我有大聲地說的力量。至於群眾，隨便他們怎樣想吧！[8]

但這只是他的自豪而已：他自己也不能把握他的藝術。無疑的，他能主宰他的文學工具；但他不知用以做什麼。像他在談及《波利庫什卡》時所說的：「這是一個會執筆的人抓著一個題目隨便饒舌。」[9]他的社會事業流產了，一八六二年，他辭去了地方仲裁人的職務。同年，警務當局到亞斯納亞．波利亞納大事搜索，把學校封閉了。那時托爾斯泰正不在家，因為疲勞過度，他擔心著肺病。

仲裁事件的糾紛為我是那麼難堪，學校的工作又是那麼空泛，為了願教育他人而要把我應該教授而為我不懂得的愚昧掩藏起來，所引起的懷疑，於我是那麼痛苦，以至我病倒了。如果我不知道還有人生的另一方面可以使我得救的話——這人生的另一方面便是家庭生活，也許我早已陷於十五年後所陷入的絕望了。[10]

7 自一八五七至一八六一年。

8 一八五七年十月《日記》。

9 一八六三年致費特書。（《托爾斯泰——生活與作品》）

10 《懺悔錄》。

《安娜·卡列尼娜》
《戰爭與和平》

最初，他盡量享受這家庭生活，他所用的熱情恰似他在一切事情上所用的一般[1]。托爾斯泰伯爵夫人在他的藝術上發生非常可貴的影響，富有文學天才[2]，她是如她自己所說的，「一個真正的作家夫人」，對於丈夫的作品那麼關心。她和他一同工作，把他口述的筆錄下來，謄清他的草稿[3]。她努力保衛他，不使他受著他宗教魔鬼的磨難，這可怕的精靈已經不時在唆使他置藝術於死地。她亦努力把他的社會烏托邦關上了門[4]。她溫養著他的創造天才，她且更進一步：她的女性心靈使這天才獲得新的富源。除了《童年時代》與《少年時代》中若干美麗的形象之外，托爾斯泰初期作品中幾乎沒有女人的地位，即或有之，亦只站在次要的後景。在索菲婭·別爾斯的愛情感應之下寫成的《夫婦間的幸福》中，女人顯現了。在以後的作品中，少女與婦人的典型增多了。具有豐富熱烈的生活，甚至超過男子的。我們可以相信，托爾斯泰伯爵夫人，不獨被她的丈夫采作《戰爭與和平》中娜塔莎與《安娜・卡列尼娜》中基蒂的模型，而且由於她的心腹的傾訴，和她特殊的視覺，她亦成為他的可貴的幽密的合作者[5]。《安娜・卡列尼娜》中有若干篇幅，似乎完全出於一個女子的手筆[6]。

由於這段婚姻的恩澤，在十年或十五年中，托爾斯泰居然體味到久已沒有的和平與安全[7]。於是，在愛情的蔭庇之下，他能在閒暇中夢想而且實現了他的思想的傑作，威

---

1 「家庭的幸福把我整個地陶融了。」（一八六三年正月五日）「我多麼幸福，幸福！我那樣愛她！」（一八六三年二月八日）——見《托爾斯泰——生活與作品》。

2 她曾寫過幾篇短篇小說。

3 據說她替托爾斯泰把《戰爭與和平》重謄過七次。

4 結婚之後，托爾斯泰立刻停止了他的教育學工作，學校、雜誌全部停了。

5 他的妹子塔佳娜〔編按：Tatiana Andreyevna Behrs Kuzminskaya, 1846-1925〕，聰明的，具有藝術天才，托爾斯泰極讚賞她的思想與音樂天稟；在本書的女性人物中，托爾斯泰亦把她做為模型。托爾斯泰說過：「我把塔尼婭（塔佳娜）和索尼婭（即托爾斯泰伯爵夫人）混合起來便成了娜塔莎。」（據比魯科夫所述）

6 例如多莉在鄉間別墅中的佈置；多莉與她的孩子們；許多化妝上的精細的描寫；不必說女性心靈的若干祕密，如果沒有一個女子指點，一個天才的男子漢決不能參透。

7 這是托爾斯泰的天才獲得解放的重要標識。他的日記，自一八六五年十一月一日專心寫作《戰爭與和平》的時代起停止了十三年。藝術的自私使良心的獨白緘默了。這個創作的時代亦是生理上極強

臨著十九世紀全部小說界的巨著：《戰爭與和平》和《安娜．卡列尼娜》（一八七三至一八七七）。

《戰爭與和平》是我們的時代的最大的史詩，是近代的《伊利亞特》。整個世界的無數的人物與熱情在其中躍動。在波濤洶湧的人間，矗立著一顆最崇高的靈魂，寧靜地鼓動著並震懾著狂風暴雨。在對著這部作品冥想的時候，我屢次想起荷馬與歌德，雖然精神與時代都不同，這樣我的確發現在他工作的時代托爾斯泰的思想得力於荷馬與歌德[8]。而且，在他規定種種不同的文學品類的一八六五年的紀錄中，他把《奧德賽》《伊利亞特》《一八〇五年》等都歸入一類[9]。他思想的自然的動作，使他從關於個人命運的小說，引入描寫軍隊與民眾，描寫千萬生靈的意志交融著的巨大的人群的小說。他在塞瓦斯托波爾圍城時所得的悲壯的經驗，使他懂得俄羅斯的國魂和它古老的生命。巨大的《戰爭與和平》，在他計畫中，原不過是一組史詩般的大壁畫——自彼得大帝到十二月黨人時代的俄羅斯史跡——中的一幅中心的畫[10]。

壯的時代。托爾斯泰發狂一般的愛狩獵。「在行獵時，我遺忘一切。」（一八六四年書信）——某一次乘馬出獵時，他把手臂撞折了（一八六四年九月），即在這次病癒時，他讀出《戰爭與和平》

的最初幾頁令夫人為他寫下。——「從昏暈中醒轉，我自己說：我是一個藝術家。是的，只是一個孤獨的藝術家。」（一八六五年正月二十三日致費特書）這時期寫給費特的一切信箚，都充滿著創造的歡樂，他說：「迄今為止我所發刊的，我認為只是一種試筆。」（見致費特書）

8 托爾斯泰指出在他二十至三十五歲間對他有影響的作品：「歌德：《赫爾曼和多蘿特》〔編按：*Hermann and Dorothea*〕……頗為重大的影響。」「荷馬：《伊利亞特》與《奧德賽》（俄譯本）……頗為重大的影響。」一八六三年，他在《日記》中寫道：「我讀歌德的著作，好幾種思想在我心靈中產生了。」一八六五年春，托爾斯泰重讀歌德，他稱《浮士德》為「思想的詩，任何別的藝術所不能表白的詩。」以後，他為了他的神（譯按：意即他思想上的理想）把歌德如莎士比亞一般犧牲了。但他對於荷馬的欽仰仍未稍減。一八五七年八月，他以同樣的熱情讀著《伊利亞特》與《聖經》。在他最後著作之一中，在攻擊莎士比亞（一九〇三）時，他把荷馬來做為真誠、中庸與真藝術的榜樣。

9 《戰爭與和平》的最初兩部發刊於一八六五至一八六六年間，那時題名「一八〇五年」〔編按：*l'Année 1805*〕。

10 這部巨著托爾斯泰於一八六三年先從《十二月黨人》開始，他寫了三個片斷（見全集卷六）。但他看到他的作品的基礎不夠穩固；往前追溯過去，他到了拿破崙戰爭的時代，於是他寫了《戰爭與和平》。原著於一八六五年起在《俄羅斯通報》〔編按：*Rousski Viestnik*〕雜誌上發表；第六冊完成於一八六九年秋。那時托爾斯泰又追溯歷史的上流，他想寫一部關於彼得大帝的小說，以後又想寫另一部十八世紀皇后當政時代及其幸臣的作品。他在一八七〇至一八七三年間為這部作品工作，搜羅了不少材料，開始了好幾幕寫景；但他的寫實主義的顧慮使他終於放棄了；他意識到他永遠不能把這遙遠的時間以相當真實的手法使其再現。——更後，一八七六年正月，他又想寫一部關於尼古拉一世〔編按：Nicholas I of Russia, 1796-1855〕時代的小說；接著一八七七年他熱烈地繼續他的《十二月黨人》，從當時身經事變的人那裡採集了若干材料，自己又親自去採訪事變發生的所在為真切地感到這件作品的力量起見，應當注意它潛在的統一性[11]。大半的法國讀者不免短視，只看見無數的枝節，為之眼花撩亂。他們在這人生的森林中迷失了。應當使自己超臨一切，目光矚視著了無障蔽的天際和叢林原野的範圍；這樣我們才能窺見作品的荷馬式的精神，永恆的法則的靜寂，命運的氣息的強有力的節奏。統率一切枝節的全體的情操，和統制作品的藝人的天才，如《創世紀》中的上帝威臨著茫無邊際的海洋一般。

最初是一片靜止的海洋。俄羅斯社會在戰爭前夜所享有的和平。首先的一百頁，以極準確的手法與卓越的譏諷口吻，映現出浮華的心魂的虛無幻滅之境。到了第一百頁，這些活死人中最壞的一個，瓦西里親王[12]才發出一聲生人的叫喊：

我們犯罪，我們欺騙，而是為了什麼？我年紀已過五十，我的朋友……死了，一切都完了……死，多麼可怕！

在這些暗淡的、欺妄的、有閑的、會墮落與犯罪的靈魂中，也顯露著若干具有比較純潔的天性的人：——在真誠的人中，例如天真朴訥的皮埃爾·別祖霍夫，具有獨立不羈的性格與俄羅斯情操的瑪麗亞．德米特里耶芙娜[13]，飽含著青春之氣的羅斯托夫；——在善良與退忍的靈魂中，例如瑪麗亞公主；——還有若干並不善良但很高傲且被這不健全的生活所磨難的人，如安德烈親王。

可是波濤開始翻騰了，第一是「行動」。俄羅斯軍隊在奧國。無可倖免的宿命支配著戰爭，而宿命也更不能比在這發洩著一切獸性的場合中更能主宰一切了。真正的領袖並不設法要指揮調度，而是如庫圖佐夫[14]或巴格拉季昂[15]般，「凡是在實際上只是環境

地。一八七八年他寫信給他的姑母說：「這部作品於我是那麼重要！重要的程度為你所意想不到；和信仰之於你同樣重要。我的意思是要說比你的信仰更重要。」——但當他漸漸深入時，他反冷淡起來：他的思想已不在此了。一八七九年四月十七日他在致費特書中已經說：「十二月黨人？上帝知道他們在哪裡！……」——在他生命的這一個時期內，宗教狂亂已經開始：他快要把他從前的偶像盡行銷毀了。

11 《戰爭與和平》的第一部法譯本是於一八七八年在聖彼得堡開始的。但第一部的法文版卻於一八八五年在阿謝特書店（編按：Hachette）發刊，一共是三冊。最近又有全部六本的譯文問世。

12 編按：Prince Basile Kouraguine，又譯瓦西里公爵。

13 編按：Marie Dmitrievna Akhrossimov，又譯瑪麗亞．德米特里耶夫娜。

14 編按：Mikhail Kutuzov（1745-1813），一八一二年曾率俄軍擊退拿破崙。

15 編按：Pyotr Bagration（1765-1812），俄羅斯陸軍上將、親王、喬治亞巴格拉季昂王朝的後裔。

促成的效果，由部下的意志所獲得的成績，或竟是偶然的現象，他們必得要令人相信他們自己的意志是完全和那些力量和諧一致的」。這是聽憑命運擺布的好處！純粹行動的幸福，正則健全的情狀。惶亂的精神重複覓得了它們的均衡。安德烈親王得以呼吸了，開始有了真正的生活……至於在他的本土和這生命的氣息與神聖的風波遠離著的地方，正當兩個最優越的心魂，皮埃爾與瑪麗亞公主受著時流的薰染，沉溺於愛河中時，安德烈在奧斯特利茨受傷了，行動對於他突然失掉了陶醉性，一下子得到了無限清明的啟示。仰身躺著，「他只看見在他的頭上，極高遠的地方，一片無垠的青天，幾片灰色的薄雲無力地飄浮著」。

「何等的寧靜！何等的平和！」他對著自己說，「和我狂亂的奔馳相差多遠！這美麗的天我怎麼早就沒有看見？終於窺見了，我何等的幸福！是的，一切是空虛，一切是欺罔，除了它……它之外，什麼也沒有……如此，頌贊上帝吧！」

然而，生活恢復了，波浪重新低落。灰心的、煩悶的人們，深自沮喪，在都市的頹廢的誘惑的空氣中他們在黑夜中彷徨。有時，在濁世的毒氛中，融泄著大自然的醉人的氣息，春天，愛情，盲目的力量，使魅人的娜塔莎去接近安德烈親王，而她不久以後，卻投入第一個追逐她的男子懷中。塵世已經糟蹋了多少的詩意，溫情，心地純潔！而「威臨著惡濁的塵土的無垠的天」依然不變！但是人們卻看不見它。即是安德烈也忘記了奧斯特利茨的光明。為他，天只是「陰鬱沉重的穹窿」，籠罩著虛無。

對於這些枯萎貧弱的心魂，極需要戰爭的騷亂重新來刺激他們。國家受著威脅了。一八一二年九月七日，鮑羅金諾村失陷。這莊嚴偉大的日子啊。仇恨都消滅了。道洛霍夫親抱他的敵人皮埃爾。受傷的安德烈，為了他生平最憎恨的人，病車中的鄰人，阿納托里．庫拉金[16]遭受患難而痛哭，充滿著溫情與憐憫。由於熱烈的為國犧牲和對於神明的律令的屈服，一切心靈都聯合了。

> 嚴肅地，鄭重地，接受這不可避免的戰爭……最艱難的磨煉莫過於把人的自由在神明的律令前低首屈服了。在服從神的意志上才顯出心的質樸。

16 編按：Anatole Kouraguine，又譯阿納托利．庫拉金。

大將軍庫圖佐夫便是俄國民族心魂和它服從運命的代表：

這個老人，在熱情方面，只有經驗——這是熱情的結果——他沒有用以組合事物搜尋結論的智慧，對於事故，他只用哲學的目光觀照，他什麼也不發明，什麼也不幹；但他諦聽著，能夠回憶一切，知道在適當的時間運用他的記憶，不埋沒其中有用的成分，可亦不容忍其中一切有害的成分。在他的士兵的臉上，他會窺到這無可捉摸的，可稱為戰勝的意志，與未來的勝利的力。他承認比他的意志更強有力的東西，便是在他眼前展現的事物的必然的動向；他看到這些事物，緊隨著它們，他亦知道蠲除他的個人意見。

最後他還有俄羅斯的心。俄國民族的又是鎮靜又是悲壯的宿命觀念，在那可憐的鄉人，普拉東·卡拉塔耶夫身上亦人格化了，他是質樸的、虔誠的、克制的，即在痛苦與死的時候也含著他那種慈和的微笑。經過了種種磨煉，國家多難，憂患遍嘗，書中的兩個英雄，皮埃爾與安德烈，由於使他們看到活現的神的愛情與信仰，終於達到了精神的解脫和神祕的歡樂。

托爾斯泰並不就此終止。敘述一八二〇年時代的本書結尾，只是從拿破崙時代遞嬗到十二月黨人這個時代的過渡。他令人感到生命的賡續與更始。全非在騷亂中開端與結束，托爾斯泰如他開始時一樣，停留在一波未平一波繼起的階段中。我們已可看到將臨的英雄，與又在生人中復活過來的死者，和他們的衝突[17]。

以上我試把這部小說分析出一個重要綱目：因為難得有人肯費這番功夫。但是書中包羅著成百的英雄，每個都有個性，都是描繪得如是真切，令人不能遺忘，兵士、農夫、貴族、俄國人、奧國人、法國人……但這些人物的可驚的生命力，我們如何能描

17 娶娜塔莎的皮埃爾．別祖霍夫，將來是十二月黨人。他組織了一個祕密團體，監護公眾福利。娜塔莎熱烈地參與這個計畫。傑尼索夫毫不懂得和平的革命；他只準備著武裝暴動。尼古拉．羅斯托夫仍保持著他士兵的盲目的坦白態度。他在奧斯特利茨一役之後說過：「我們只有一件事情可做：盡我們的責任，上場殺敵永遠不要思想」，此刻他反對皮埃爾了，說：「第一是我的宣誓！如果人家令我攻擊你，我會那樣做。」他的妻子，瑪麗亞公主贊同他的意見。安德烈親王的兒子，小尼古拉．保爾康斯基，只有十五歲，嬌弱的，病態的，可愛的，金色的頭髮，大大的眼睛，熱情地諦聽他們的論辯；他全部的愛是為皮埃爾與娜塔莎；他不歡喜尼古拉與瑪麗亞；他崇拜他的父親，為他所不十分回想清楚的，他企望要肖似他，要長大，完成什麼大事業……什麼？他還不知……「雖然他們那麼說，我一定會做到……是的，我將做到。他自己便會贊同我。」——作品即以這個孩子的幻夢終結。——如果《十二月黨人》在那時寫下去，這年輕的尼古拉．保爾康斯基定將是其中的一個英雄。

寫！在此絲毫沒有臨時構造之跡。對於這一批在歐羅巴文學中獨一無偶的肖像，托爾斯泰曾作過無數的雛形，如他所說的，「以千萬的計畫組織成功的」，在圖書館中搜尋，應用他自己的家譜與史料，他以前的隨筆，他個人的回憶[18]。這種縝密的準備確定了作品的堅實性，可也並不因之而喪失它的自然性。托爾斯泰寫作時的熱情與歡樂亦令人為之真切地感到。而《戰爭與和平》的最大魅力，尤其在於它年輕的心。托爾斯泰更無別的作品較本書更富於童心的了，每顆童心都如泉水一般明淨，如莫札特的旋律般婉轉動人，例如年輕的尼古拉．羅斯托夫，索尼婭，和可憐的小彼佳。

最秀美的當推娜塔莎。可愛的小女子神怪不測，嬌態可掬，有易於愛戀的心，我們看她長大，明瞭她的一生，對她抱著對於姊妹般的貞潔的溫情——誰不曾認識她呢？美妙的春夜，娜塔莎在月光中，憑欄幻夢，熱情地說話，隔著一層樓，安德烈傾聽著她……初舞的情緒，戀愛，愛的期待，無窮的欲念與美夢，黑夜，在映著神怪火光的積雪林中滑冰。大自然的迷人的溫柔吸引著你。劇院之夜，奇特的藝術世界，理智陶醉了；心的狂亂，沉浸在愛情中的肉體的狂亂；洗濯靈魂的痛苦，監護著垂死的愛人的神聖的憐憫……我們在喚引起這些可憐的回憶時，不禁要發生和在提及一個最愛的女友時同樣的情緒。啊！這樣的一種創造和現代的小說與戲劇相比時，便顯出後者的女性人物的弱點來了！前者把生命都抓住了，而且轉變的時候，那麼富於彈性，那麼流暢，似乎我們看到它在顫動嬗變。——面貌很醜而德性極美的瑪麗亞公主亦是一幅同樣完美的繪畫；在看到深藏著一切心的祕密突然暴露時，這膽怯呆滯的女子臉紅起來，如一切和她相類的女子一樣。

在大體上，如我以前說過的，本書中女子的性格高出男子的性格多多，尤其是高出於托爾斯泰托寄他自己的思想的兩個英雄：軟弱的皮埃爾．別祖霍夫與熱烈而枯索的安德烈．保爾康斯基。這是缺乏中心的靈魂，它們不是在演進，而是永遠躊躇；它們在兩端中間來回，從來不前進。無疑的，人們將說這正是俄國人的心靈。可是我注意到俄國人亦有同樣的批評。是為了這個緣故屠格涅夫責備托爾斯泰的心理老是停滯的。「沒有真正的發展，永遠的遲疑，只是情操的顫動。」[19]托爾斯泰自己亦承認他有時為了偉大的史畫而稍稍犧牲了個人的性格[20]。

---

18 我說過《戰爭與和平》中的羅斯托夫與保爾康斯基兩個大族，在許多情節上和托爾斯泰的父系母系兩族極為相似。在《高加索紀事》與《塞瓦斯托波爾紀事》中，我們亦已見到《戰爭與和平》中不少的士兵與軍官的雛形。

19 一八六八年二月書。（據比魯科夫申引）

20 他說：「特別是第一編中的安德烈親王。」

的確，《戰爭與和平》一書的光榮，便在於整個歷史時代的復活，民族移殖與國家爭戰的追懷。它的真正的英雄，是各個不同的民族；而在他們後面，如在荷馬的英雄背後一樣，有神明在指引他們；這些神明是不可見的力：「是指揮著大眾的無窮的渺小」，是「無窮」的氣息。在這些巨人的爭鬥中——一種隱伏著的運命支配著盲目的國家——含有一種神祕的偉大。在《伊利亞特》之外，我們更想到印度的史詩[21]。

《安娜·卡列尼娜》與《戰爭與和平》是這個成熟時期的登峰造極之作[22]。這是一部更完美的作品，支配作品的思想具有更純熟的藝術手腕，更豐富的經驗，心靈於它已毫無祕密可言，但其中缺少《戰爭與和平》中的青春的火焰，熱情的朝氣——偉大的氣勢。托爾斯泰已沒有同樣的歡樂來創造了。新婚時的暫時的平靜消逝了。托爾斯泰伯爵夫人努力在他周圍建立起來的愛情與藝術周圈中，重新有精神煩悶滲入。

婚後一年，托爾斯泰寫下《戰爭與和平》的最初幾章；安德烈向皮埃爾傾訴他關於婚姻問題的心腹語，表示一個男子覺得他所愛的女人不過是一個漠不相關的外人，是無心的仇敵，是他的精神發展的無意識的阻撓者時所感到的幻滅。一八六五年時代的書信，已預示他不久又要感染宗教的煩悶。這還只是些短期的威脅，為生活之幸福所很快地平復了的。但當一八六九年托爾斯泰完成《戰爭與和平》時，卻發生了更嚴重的震撼——

幾天之內，他離開了家人，到某處去參觀。一夜，他已經睡了；早上兩點鐘剛打過：

我已極度疲倦，我睡得很熟，覺得還好。突然，我感到一種悲苦，為我從未經受過的那麼可怕。我將詳細告訴你[23]：這實在是駭人。我從床上跳下，令人套馬。正在人家為我套馬時，我又睡著了，當人家把我喊醒時，我已完全恢復。昨天，同樣的情景又發

---

21 可惜其中的詩意有時受了書中充滿著的哲學的嘮叨——尤其在最後幾部中——的影響，為之減色不少。托爾斯泰原意要發表他的歷史的定命論。不幸他不斷地回到這議論而且反覆再三地說。福樓拜在讀最初二冊時，「大為歎賞」，認為是「崇高精妙」的，滿著「莎士比亞式的成分」，到了第三冊卻厭倦到把書丟了說：——「他可憐地往下墮落。他重複不厭，他盡著作哲學的談話。我們看到這位先生，是作者，是俄國人；而迄今為止，我們只看到『自然』與『人類』。」（一八八〇年正月福樓拜致屠格涅夫書）

22 《安娜．卡列尼娜》的第一部法譯本於一八八六年由阿謝特書店發刊，共二冊。在法譯全集中，增為四冊。

23 致其夫人書。

生了，遠還沒有前次那麼厲害……[24]

托爾斯泰伯爵夫人辛辛苦苦以愛情建造成的幻想之宮崩圮了。《戰爭與和平》的完成使藝術家的精神上有了一個空隙，在這空隙時間，藝術家重又被教育學、哲學[25]的研究抓住了：他要寫一部平民用的啟蒙讀本[26]；他埋首工作了四年，對於這部書，他甚至比《戰爭與和平》更為得意，他寫成了一部（一八七二年），又寫第二部（一八七五年）。接著，他狂熱地研究希臘文，一天到晚地研習，把一切別的工作都放下了，他發現了「精微美妙的色諾芬」與荷馬，真正的荷馬而非翻譯家轉述出來的荷馬，不復是那些茹科夫斯基[27]與福斯[28]輩的庸俗萎靡的歌聲，而是另一個旁若無人盡情歌唱的妖魔之妙音了[29]。

不識希臘文，不能有學問！……我確信在人類語言中真正是美的，只有是單純的美，這是我素所不知的。[30]

這是一種瘋狂：他自己亦承認。他重又經營著學校的事情，那麼狂熱，以致病倒了。一八七一年他到薩馬拉地方[31]巴奇基爾斯[32]那裡療養。那時，除了希臘文，他對什麼都不滿。一八七二年，在訟案完了後，他當真地談起要把他在俄羅斯所有的財產盡行出售後住到英國去。托爾斯泰伯爵夫人不禁為之悲歎：

---

24 這可怕的一夜的回憶，在《一個瘋人的日記》（一八八三）中亦有述及。

25 一八六九年夏，當他寫完《戰爭與和平》的時候，他發現了叔本華，他立時醉心於他的學說：「叔本華是人類中最有天才的人。」（一八六九年八月三十日致費特書）

26 這部啟蒙讀本共有七百至八百頁，分為四編，除了教學法外，更含有許多短篇讀物。這些短篇以後形成「四部讀本」。第一部法譯本出版於一九二八年，譯者為夏爾・薩洛蒙〔編按：Charles Salomon〕。

27 譯按：一七八三至一八五二年俄國詩人。編按：Joukhovski。

28 譯按：一七三一至一八二六年德國批評家兼翻譯家。編按：Johann Heinrich Voss。

29 他說在翻譯者與荷馬中間的差別，「有如沸水之於冷泉水，後者雖然令你牙齒發痛，有時且帶著沙粒，但它受到陽光的灑射，更純潔更新鮮」。（一八七〇年十二月致費特書）

30 見未曾發表的書信。

31 編按：薩馬拉（Samara）為俄羅斯第九大城市。

32 編按：即巴什基爾人（Bachkirs），主要生活在俄羅斯巴什科爾托斯坦共和國的突厥民族。

如果你永遠埋頭於希臘文中，你將不會有痊癒之日。是它使你感著這些悲苦而忘掉目前的生活。人們稱希臘文為死文字實在是不虛的：它令人陷入精神死滅的狀態中。[33]

放棄了不少略具雛形的計畫之後，終於在一八七三年三月十九日，使伯爵夫人喜出望外地，托爾斯泰開始寫《安娜．卡列尼娜》[34]。在他為這部小書工作的時候，他的生活受著家庭中許多喪事的影響變得陰沉暗淡[35]，他的妻子亦病了。「家庭中沒有完滿的幸福……」[36]

作品上便稍稍留著這慘澹的經驗與幻滅的熱情的痕跡[37]。除了在講起列文訂婚的幾章的美麗的文字外，本書中所講起的愛情，已遠沒有《戰爭與和平》中若干篇幅的年輕的詩意了，這些篇幅是足以和一切時代的美妙的抒情詩媲美的。反之，這裡的愛情含有一種暴烈的、肉感的、專橫的性格。統治這部小說的定命論，不復是如《戰爭與和平》中的一種神（克里希納），不復是一個運命的支配者，而是戀愛的瘋狂，「整個的維納斯」在舞會的美妙的景色中，當安娜與沃倫斯基[38]不知不覺中互相熱愛的時候，是這愛神在這無邪的、美麗的、富有思想的、穿著黑衣的安娜身上，加上「一種幾乎是惡魔般的誘惑力」[39]。當沃倫斯基宣露愛情的時候，亦是這愛神使安娜臉上發出一種光輝——

「不是歡樂的光輝。而是在黑夜中爆發的火災的駭人的光輝。」[40]亦是這愛神使這光明磊落、理性很強的少女，在血管中，流溢著肉欲的力，而且愛情逗留在她的心頭，直到把這顆心磨煉到破碎的時候才離開它。接近安娜的人，沒有一個不感到這潛伏著的魔鬼的吸力與威脅。基蒂第一個驚惶地發現它。當沃倫斯基去看安娜時，他的歡樂的感覺中也雜有神祕的恐懼。列文，在她面前，失掉了他全部的意志。安娜自己亦知道她已不

33 托爾斯泰伯爵夫人的文件。

34 《安娜．卡列尼娜》完成於一八七七年。

35 三個孩子夭殤（一八七三年十一月十八日，一八七五年二月，一八七五年十一月終）。塔佳娜姑母，他的義母（一八七四年六月二十日），彼拉格婭姑母〔編按：la tante Pélagie〕（一八七五年十二月二十二日）相繼去世。

36 一八七六年三月一日致費特書。

37 「女人是男子的事業的障礙石。愛一個女人同時又要做些好的事業是極難的；要不永遠受著阻礙的唯一的方法便是結婚。」（《安娜．卡列尼娜》第一冊——阿謝特法譯本）

38 編按：Wronski，又譯渥倫斯基。

39 《安娜．卡列尼娜》法譯本第一冊。

40 同前。

能自主。當故事漸漸演化的時候，無可震懾的情欲，把這高傲人物的道德的壁壘，盡行毀掉了。她所有的最優越的部分，她的真誠而勇敢的靈魂瓦解了，墮落了：她已沒有勇氣犧牲世俗的虛榮；她的生命除了取悅她的愛人之外更無別的目標，她膽怯地、羞愧地不使自己懷孕；她受著嫉妒的煎熬，完全把她征服了的性欲的力量，迫使她在舉動中聲音中眼睛中處處作偽；她墮入那種只要使無論何種男子都要為之回首一瞥的女人群中。她用嗎啡來麻醉自己，直到不可容忍的苦惱，和為了自己精神的墮落而悲苦的情操迫使她投身於火車輪下。「而那鬍鬚蓬亂的鄉人」——她和沃倫斯基時時在夢中遇見的幻象——「站在火車的足踏板上俯視鐵道」；據那含有預言性的夢境所示，「她俯身伏在一張口袋上，把什麼東西隱藏在內，這是她往日的生命、痛苦、欺妄和煩惱……」

「我保留著報復之權。」——上帝說……[41]

這是被愛情所煎熬，被神的律令所壓迫的靈魂的悲劇——為托爾斯泰一鼓作氣以極深刻的筆觸描寫的一幅畫。在這悲劇周圍，托爾斯泰如在《戰爭與和平》中一樣，安插下好幾個別的人物的小說。但這些平行的歷史可惜銜接得太迅驟太造作，沒有達到《戰爭與和平》中交響曲般的統一性。人們也覺得其中若干完全寫實的場面——如聖彼得堡的貴族階級與他們有閑的談話——有時是枉費的。還有，比《戰爭與和平》更顯明地，托爾斯泰把他的人格與他的哲學思想和人生的景色交錯在一起。但作品並不因此而減少它的富麗。和《戰爭與和平》中同樣眾多的人物，同樣可驚地準確。我覺得男子的肖像更為優越。托爾斯泰描繪的斯捷潘．阿爾卡傑維奇[42]，那可愛的自私主義者，沒有一個人見了他能不回答他的好意的微笑，還有卡列寧，高級官員的典型，漂亮而平庸的政治家，永遠借著譏諷以隱藏自己的情操：尊嚴與怯弱的混合品；虛偽世界的奇特的產物，這個虛偽世界，雖然他聰明慷慨，終於無法擺脫——而且他的不信任自己的心也是不錯的，因為當他任令自己的情操擺布時，他便要墮入一種神祕的虛無境界。

但這部小說的主要意義，除了安娜的悲劇和一八六〇年時代的俄國社會——沙龍、軍官俱樂部、舞會、戲院、賽馬——的種種色相之外，尤其含有自傳的性格。較之托爾斯泰所創造的許多其他的人物，列文更加是他的化身。托爾斯泰不獨賦予他自己的又是

41 書首的箴言。

42 編按：Stepane Arcadievitch，又譯史代凡．阿卡迪維奇。

保守又是民主的思想，和鄉間貴族輕蔑知識階級的反自由主義[43]；而且他把自己的生命亦賦予了他。列文與基蒂的愛情和他們初婚後的數年，是他自己的回憶的變相——即列文的兄弟之死亦是托爾斯泰的兄弟德米特里之死的痛苦的表現。最後一編，在小說上是全部無用的，但使我們看出他那時候衷心惶亂的原因。《戰爭與和平》的結尾，固然是轉入另一部擬議中的作品的藝術上的過渡，《安娜·卡列尼娜》的結尾卻是兩年以後在《懺悔錄》中宣露的精神革命的過渡。在本書中，已屢次以一種諷刺的或劇烈的形式批評當時的俄國社會，這社會是為他在將來的著作中所不住地攻擊的。攻擊謊言，攻擊一切謊言，對於道德的謊言，和對於罪惡的謊言同樣看待，指斥自由論調，抨擊世俗的虛浮的慈悲，沙龍中的宗教，和博愛主義！向整個社會宣戰，因為它魅惑一切真實的情操，滅殺心靈的活力！在社會的陳腐的法統之上，死突然放射了一道光明。在垂危的安娜前面，矯偽的卡列寧也感動了。這沒有生命，一切都是造作的心魂，居然亦透入一道愛的光明而具有基督徒的寬恕。一霎時，丈夫、妻子、情人，三個都改變了。一切變得質樸正直。但當安娜漸次回復時，三人都覺得「在一種內在地支配他們的幾乎是聖潔的力量之外，更有另一種力量，粗獷的，極強的，不由他們自主地支配著他們的生命，使他們不復再能享受平和」。而他們預先就知道他們在這場戰鬥中是無能的，「他們將被迫作惡，為社會所認為必須的」[44]。

列文所以如化身的托爾斯泰般在書的結尾中亦變得昇華者，是因為死亦使他感動了之故。他素來是「不能信仰的，他亦不能徹底懷疑」[45]。自從他看見他的兄弟死後，他為了自己的愚昧覺得害怕。他的婚姻在一時期內曾抑住這些悲痛的情緒。但自從他的第一個孩子生下之後，它們重複顯現了。他時而祈禱，時而否定一切。他徒然流覽哲學書籍。在狂亂的時光，他甚至害怕自己要自殺。體力的工作使他鎮靜了：在此，毫無懷疑，一切都是顯明的。列文和農人們談話；其中一個和他談著那些「不是為了自己而是為了上帝生存的人」。這對於他不啻是一個啟示。他發現理智與心的敵對性。理智教人為了生存必得要殘忍地奮鬥；愛護他人是全不合理的：

理智是什麼也沒有教我；我知道的一切都是由心啟示給我的。[46]

---

43 在本書的結尾中，還有明白攻擊戰爭、國家主義、泛斯拉夫族主義的思想。
44 「對於社會，罪惡是合理的。犧牲愛，卻是不健全。」（《安娜．卡列尼娜》法譯本第二冊）
45 出處同前。
46 《安娜．卡列尼娜》法譯本第二冊。

從此，平靜重新來臨。卑微的鄉人——對於他，心是唯一的指導者——這個名詞把他重新領到上帝面前……什麼上帝？他不想知道。這時候的列文，如將來長久時期內的托爾斯泰一般，在教會前面是很謙恭的，對於教義亦毫無反抗的心。

即是在天空的幻象與星球的外表的運動中，也有一項真理。[47]

47 同前。

《懺悔錄》與宗教狂亂

列文瞞著基蒂的這些悲痛與自殺的憧憬，亦即是托爾斯泰同時瞞著他的妻子的。但他還未達到他賦予書中主人翁的那般平靜。實在說來，平靜是無從傳遞給他人的。我們感到他只願望平靜卻並未實現，故列文不久又將墮入懷疑。托爾斯泰很明白這一層。他幾乎沒有完成本書的精力與勇氣。《安娜．卡列尼娜》在沒有完成之前，已使他厭倦了[1]。他不復能工作了。他停留在那裡，不能動彈，沒有意志，厭棄自己，對著自己害怕。於是，在他生命的空隙中，發出一陣深淵中的狂風，即是死的眩惑。托爾斯泰逃出了這深淵以後，曾述及這些可怕的歲月[2]。

1「現在我重複被那部可厭而庸俗的《安娜．卡列尼娜》所羈絆住了，我唯一的希望便是能早早擺脫它，愈快愈好……」（一八七五年八月二十六日致費特書）「我應得要完成使我厭倦的小說……」（一八七六年致費特書）

2見《懺悔錄》（一八七九年）。全集卷十九。

「那時我還沒有五十歲，」他說[3]，「我愛，我亦被愛，我有好的孩子，大的土地，光榮，健康，體質的與精神的力強；我能如一個農人一般刈草；我連續工作十小時不覺疲倦。突然，我的生命停止了。我能呼吸，吃，喝，睡眠。但這並非生活。我已沒有願欲了。我知道我無所願欲。我連認識真理都不希望了。所謂真理是：人生是不合理的。我那時到了深淵前面，我顯然看到在我之前除了死以外什麼也沒有。我，身體強健而幸福的人，我感到再不能生活下去。一種無可抑制的力驅使我要擺脫生命。……我不說我那時要自殺。要把我推到生命以外去的力量比我更強；這是和我以前對於生命的憧憬有些相似，不過是相反的罷了。我不得不和我自己施用策略，使我不至讓步得太快。我這幸福的人，竟要把繩子藏起以防止我在室內的幾個衣櫥之間自縊。我也不復挾著槍去打獵了，恐怕會使我起意[4]。我覺得我的生命好似什麼人和我戲弄的一場惡作劇。四十年的工作，痛苦，進步，使我看到的卻是一無所有！什麼都沒有。將來，我只留下一副腐蝕的骸骨與無數的蟲蛆……只在沉醉於人生的時候一個人才能生活；但醉意一經消滅，便只看見一切是欺詐，虛妄的欺詐……家庭與藝術已不能使我滿足。家庭，這是些和我一樣的可憐蟲。藝術是人生的一面鏡子。當人生變得無意義時，鏡子的遊戲也不會令人覺得好玩了。最壞的，是我還不能退忍。我彷彿是一個迷失在森林中的人，極端憤恨著，因為是迷失了，到處亂跑不能自止，雖然他明白多跑一分鐘，便更加迷失得厲害……」

他的歸宿畢竟在於民眾身上。托爾斯泰對於他們老是具有「一種奇特的，純粹是生理的感情」[5]，他在社會上所得的重重的幻滅的經驗從沒有動搖他的信念。在最後幾年中，他和列文一樣對於民眾接近得多了[6]。他開始想著，他那些自殺、自己麻醉的學

3 在此我把《懺悔錄》中一部分作概括的引述，只保留著托爾斯泰的語氣。

4 《安娜．卡列尼娜》中有這樣的一段：「列文，被愛著，很幸福，做了一家之主，他親手把一切武器藏起來，彷彿他恐怕要受著自殺的誘惑一般。」這種精神狀態並非是托爾斯泰及其書中人物所特有的。托爾斯泰看到歐羅巴，尤其是俄羅斯的小康階級的自殺之多不勝訝異。他在這時代的作品中時常提及此事。我們可說在一八八〇年左右，歐洲盛行著精神萎靡症，感染的人不下數千。那時代正是青年的人，如我一般，都能記憶此種情況；故托爾斯泰對此人類的危機的表白實有歷史的價值。他寫了一個時代的悲劇。

5 《懺悔錄》。

6 這時代的他的肖像證明他的通俗性。克拉姆斯科伊〔編按：Ivan Kramskoï, 1837-1887〕的一幅畫像（一八七三年）表現托爾斯泰穿著工衣，俯著頭，如德國的基督像。在另外一幅一八八一年的肖像中，他的神氣宛如一個星期日穿扮齊整的工頭：頭髮剪短了，鬍鬚與鬢毛十分淩亂；面龐在下部顯得比上面寬闊；眉毛蹙緊，目光無神，鼻孔如犬，耳朵極大。

者、富翁，和他差不多過著同樣絕望的生活的有閑階級的狹小集團之外，還有成千成萬的生靈。他自問為何這些千萬的生靈能避免這絕望，為何他們不自殺。他發覺他們的生活，不是靠了理智，而是——毫不顧慮理智——靠了信仰。這不知有理智的信仰究竟是什麼呢？

信仰是生命的力量。人沒有信仰，不能生活。宗教思想在最初的人類思想中已經醞釀成熟了。信仰所給予人生之謎的答覆含有人類的最深刻的智慧。

那麼，認識了宗教書籍中所列舉的這些智的公式便已足夠了嗎？——不，信仰不是一種學問，信仰是一種行為；它只在被實踐的時候，才有意義。一般「思想圓到」之士與富人把宗教只當作一種「享樂人生的安慰」，這使托爾斯泰頗為憎厭，使他決意和一班質樸的人混在一起，只有他們能使生命和信仰完全一致。

他懂得：「勞動民眾的人生即是人生本體，而這種人生的意義方是真理。」

但怎樣使自己成為民眾而能享有他的信心呢？一個人只知道別人有理亦是徒然的事；要使我們成為和他們一樣不是仗我們自己就可辦到的。我們徒然祈求上帝；徒然張著渴望的臂抱傾向著他。上帝躲避我們，哪裡抓住他呢？

一天，神的恩寵獲得了。

早春時的一天，我獨自在林中，我聽著林中的聲音。我想著我最近三年來的惶惑，神的追求。從快樂跳到絕望的無窮盡的突變……突然，我看到我只在信仰神的時候我才生活著。只要思念到神，生命的歡樂的波浪便在我內心湧現了。在我周圍，一切都生動了，一切獲得一種意義。但等到我不信神時，生命突然中斷了。我的內心發出一聲呼喊：

——那麼，我還尋找什麼呢？便是「他」，這沒有了便不能生活的「他」！認識神和生活，是一件事情。神便是生……

從此，這光明不復離開我了。[7]

---

7 《懺悔錄》。

他已得救了。神已在他面前顯現。[8]

但他不是一個印度的神祕主義者，不能以冥想入定為滿足；因為他的亞洲人的幻夢中又雜有西方人的重視理智與要求行動的性格，故他必得要把所得到的顯示，表現誠實地奉行的信仰，從這神明的生活中覓得日常生活的規律。毫無成見地，為了願真誠地相信他的家族們所虔奉的信仰，他研究他所參與的羅馬正教的教義[9]。且為更加迫近這教義起見，他在三年中參與一切宗教儀式，懺悔、聖餐，一切使他不快的事情，他不敢遽下判斷，只自己發明種種解釋去了解他覺得暗晦或不可思議的事。為了信仰他和他所愛的人，不論是生人或死者，完全一致，老是希望到了一個相當的時間，「愛會替他打開真理的大門」。——但他的努力只是徒然：他的理智與心互相抗爭起來。有些舉動，如洗禮與聖餐，於他顯得是無恥的。當人家強使他重複地說聖體是真的基督的肉和血時，「他彷如心中受了刀割」。在他和教會之間築起一堵不可超越的牆壁的，並非是教義，而是實行問題。——尤其是各個教會中間的互相仇恨[10]，和不論是絕對的或默許的殺人權，——由此產生戰爭與死刑這兩項。

於是，托爾斯泰決絕了；他的思想被壓抑了三年之久，故他的決絕尤為劇烈。他什麼也不顧忌了。他輕蔑這為他在隔昨尚在篤信奉行的宗教。在他的《教義神學批判》

（一八七九至一八八一）中，他不獨把神學當作「無理的，且是有意識的，有作用的謊言」[11]。在他的《四福音書一致論》（一八八一至一八八三）中，他便把福音書與神學

---

8 實在說來，這已非第一次。《高加索紀事》中的青年志願兵，《塞瓦斯托波爾》的軍官，《戰爭與和平》中的安德列親王與皮埃爾，都有過同樣的幻覺。但托爾斯泰是那麼熱情，每次他發現神，他必以為是第一次而以前只是黑夜與虛無。在他的過去，他只看見陰影與羞恥。我們由於他的《日記》，比他自己更認識他的心靈的變化史。我們知道他的心即在迷失惶惑時亦是含有深刻的宗教性的。而且，他亦承認，在《教義神學批判》〔編按：*Critique de la théologie dogmatique*〕的序文中，他寫道：「神！神！我在不應當尋找的地方尋找真理。我知道我是在彷徨。我明知我的性欲是不好的，我卻諂媚它；但我永不會忘記你！我永遠感到你，即在我迷失的時候。」——一八七八至一八七九年間的狂亂只是一場比別次更劇烈的精神病，也許是因為連年所受的人口亡故的刺激與年齡增高的影響。這一次病變的唯一的特徵，即神的顯現並未在冥思出神的境界過去之後消散，托爾斯泰受著經驗的教訓，急急地「前進，只要他抓著光明的時候」，並在他的信心中歸納出整個的人生觀。並非他從來不曾作過此種試驗（我們記得他在大學生時代已有「人生的規律」這概念了），而是在五十歲的年紀，熱情去誘惑他走入歧途的機會較少。

9 關於這一段紀事的《懺悔錄》，署有下列的小標題：《教義神學批判及基督教主義檢討導言》〔編按：*Introduction à la Critique de la Théologie dogmatique et à l'Examen de la doctrine chrétienne*〕。

10 「我，是把真理放在發情的單位中的我，覺得宗教把它所要產生的自己毀滅為可怪。」（見《懺悔錄》）

11 「我確信教會的訓條，理論上是一種有害的謊言，實用上是許多粗俗與妖魔的迷信，在這種情形之下，基督教主義的意義完全消滅了。」（致神聖宗教會議答覆，一九〇一年四月四至十七日）參看《教會與國家》。（一八八三年）——托爾斯泰責備教會的最大的罪惡，是它和世間暫時的權力的聯絡。這是「強盜和謊騙者的聯絡」。

對抗。終於，他在福音書中建立了他的信仰（《我的信仰的基礎》一八八三）。

這信仰便在下列幾句話中：

我相信基督的主義。我相信當一切人都實現了幸福的時候，塵世才能有幸福存在。

信心的基礎是摩西在山上的宣道，托爾斯泰把這些教訓歸納成五誡：

一、不發怒

二、不犯奸

三、不發誓

四、不以怨報怨

五、不為人敵

這是教義的消極部分，其積極部分只包括在一條告誡中：

愛神和愛你的鄰人如愛你自己。

基督說過，誰對於這些誡命有何輕微的違背，將在天國中占據最小的地位。

托爾斯泰天真地補充道：

不論這顯得多麼可異，我在一千八百年之後，發現這些規律如一件新穎的事蹟。

那麼，托爾斯泰信不信基督是一個神？——全然不信。他把他當作何等人呢？當作是聖賢中最高的一個，釋迦牟尼、婆羅門、老子、孔子、瑣羅亞斯德[12]、以賽亞——一切指示人以真正的幸福與達到幸福的必由之道的人[13]。托爾斯泰是這些偉大的宗教創造

12 編按：瑣羅亞斯德（Zoroastre，又譯查拉圖斯特拉）為古波斯先知。

13 他年事愈高，愈相信人類史上自有宗教的統一性，愈相信基督和其他的聖賢——自釋迦牟尼至康德——的平行性。他寫道：「耶穌的主義，對於我只是上古最美的宗教思想，如埃及、猶太、印度、中國等各種思潮的一流。耶穌的兩大原則：對於神的敬愛，即絕對的完滿；對於同類的博愛，即一視同仁，毫無分別；這兩項原則都曾為世界上古代的聖賢，釋迦牟尼、老子、孔子、蘇格拉底、柏拉圖等，近代賢哲盧梭、帕斯卡爾〔編按：即帕斯卡，Blaise Pascal, 1623-1662〕、康德、愛默生〔編按：Ralph Waldo Emerson, 1803-1882〕等所共同宣揚的。」

人，——這些印度、中國、希伯萊的半神與先知者的信徒。他竭力為他們辯護。攻擊他所稱為「偽善者」與「法學教官 Scribes」的一流，攻擊已成的教會，攻擊傲慢的科學的代表者[14]。這並非說他欲借心靈的顯示以推翻理智。自從他脫離了《懺悔錄》上所說的煩悶時期之後，他尤其是理智的信奉者，可說是一個理智的神祕主義者。

「最初是 Verbe（三位一體中的第二位），」他和聖約翰一樣的說法，「Verbe，意即『理智』。」

他的《生命論》一書（一八八七），在題詞中曾引用帕斯卡爾的名句：

人只是一支蘆葦，自然中最弱的東西，但這是一支有思想的蘆葦……我們全部的尊嚴包含在思想中……因此我們得好好地思想：這即是道德的要義。[15]

全書只是對於理智的頌詩。

「理智」固然不是科學的理智，狹隘的理智，「把部分當作全體，把肉的生活當作全部生活的」，而是統制著人的生命的最高律令，「有理性的生物，即人，所必然要依據了它生活的律令」。

這是和統制著動物的生長與繁殖，草木的萌芽與滋榮，星辰與大地的運行的律令類似的律令。只在奉行這條律令，為了善而把我們的獸性服從理智的規條的行為中，才存有我們的生命……理智不能被確定，而我們也不必加以確定，因為不獨我們都認識它，而且我們只認識它……人所知道的一切，是由理智——而非由信仰——而知道的……只在理智有了表白的時候生命方才開始。唯一真實的生命是理智的生命。[16]

14 托爾斯泰辯稱他並不攻擊真正的科學，因為它是虛心而認識界限的。

15 托爾斯泰在精神狂亂的時候，常常讀帕斯卡爾的《思想錄》。他在致費特書中曾經提及。

16 在一八九四年十一月二十六日致某男爵書中，托爾斯泰亦言：「人所直接受之於神的，只有認識自己和接觸世界的一種工具。這工具，便是理智，理智是從神來的。它不獨是人類崇高的品性，且是認識真理的唯一的工具。」

那麼，有形的生命，我們個人的生命，又是什麼？「它不是我們的生命，」托爾斯泰說，「因為它不是由我們自主的。」

我們肉體的活動是在我們之外完成的……把生命當作個人的這種觀念在今日的人類中已經消滅了。對於我們這時代一切賦有理智的人，個人的善行之不可能，已成為確切不移的真理。[17]

還有許多前提，毋容我在此討論，但表現托爾斯泰對於理智懷有多少的熱情。實在，這是一種熱情，和主宰著他前半生的熱情同樣的盲目與嫉忌。一朵火焰熄了，另一朵火焰燃起。或可說永遠是同一朵火焰，只是它變換了養料而已。

而使「個人的」熱情和這「主智的」熱情更形肖似的，是因為這些熱情都不能以愛為滿足，它們要活動，要實現。

不應當說而應當做。基督說過。

理智的活動現象是什麼？——愛。

愛是人類唯一的有理性的活動，愛是最合理最光明的精神境界。它所需的，便是什麼也不掩蔽理智的光芒，因為唯有理智的光芒方能助長愛。……愛是真實的善，至高的善，能解決人生一切的矛盾，不獨使死的恐怖會消滅，且能鼓舞人為別人犧牲：因為除了把生命給予所愛者之外，無所謂別的愛了；只有它是自己犧牲時，愛才配稱為愛。因此，只有當人懂得要獲得個人的幸福之不可能時，真正的愛方能實現。那時候，他的生命的精髓才能為真正的愛的高貴的接枝，而這接枝為了生長起見，才向這粗野的本幹，即肉的本體，去吸取元氣……[18]

這樣，托爾斯泰並不如一條水流枯竭的河迷失在沙土裡那般地達到信仰。他是把強有力的生命的力量集中起來灌注在信仰中間。——這我們在以後會看到。

17 見《托爾斯泰傳》。
18 見《托爾斯泰傳》。

這熱烈的信心，把愛與理智密切地結合了，它在托爾斯泰致開除他教籍的神聖宗教會議復書中找到了完滿的表白[19]：

我相信神，神於我是靈，是愛，是一切的要素。我相信他在我心中存在，有如我在他心中存在一樣。我相信神的意志從沒有比在基督的教義中表現得更明白了；但我們不能把基督當作神而向他祈禱，這將冒犯最大的褻瀆罪。我相信一個人的真正的幸福在於完成神的意志，我相信神的意志是要一切人愛他的同類，永遠為了他們服務，如神要一切人類為了他而活動一般；這便是，據福音書所說，一切的律令和預言的要旨。我相信生命的意義，對於我們中每個人，只是助長人生的愛，我相信在這人生中，發展我們的愛的力量，不啻是一種與日俱增的幸福，而在另一個世界裡，又是更完滿的福樂；我相信這愛的生長，比任何其他的力量，更能助人在塵世建立起天國，換言之，是以一種含有協和、真理、博愛的新的系統來代替一種含有分離、謊騙與強暴的生活組織。我相信為在愛情中獲得進步起見，我們只有一種方法：祈禱。不是在廟堂中的公共祈禱，為基督所堅決擯絕的。而是如基督以身作則般的祈禱，孤獨的祈禱，使我們對於生命的意義具有更堅實的意識……我相信生命是永恆的，我相信人是依了他的行為而獲得酬報，現世與來世，現在與將來，都是如此。我對於這一切相信得如是堅決，以至在我這行將就木的年紀，我必得要以很大的努力才能阻止我私心祝望肉體的死滅——換言之，即祝望新生命的誕生。[20]

19 這宗教思想必然是由好幾個問題演化出來的，尤其是由於那涉及未來生活的概念。

20 見一九〇一年五月一日巴黎《時報》所發表的關於托爾斯泰的論文。

《社會的煩慮》《我們應當做什麼？》《我信仰的寄託》

他想已經到了彼岸，獲得了一個為他煩惱的心魂所能安息的蔭庇。其實，他只是處於一種新的活動的始端。

在莫斯科過了一冬（他對於家庭的義務迫使他隨著他的家族）[1]，一八八二年正月他參加調查人口的工作，使他得有真切地看到大都市的慘狀的機會。他所得的印象真是非常淒慘。第一次接觸到這文明隱藏著的瘡痍的那天晚上，他向一個朋友講述他的所見時，「他叫喊，號哭，揮動著拳頭」。

「人們不能這樣地過活！」他嚎啕著說，「這決不能存在！這決不能存在！……」[2]幾個月之久，他又墮入悲痛的絕望中。一八八二年三月三日，伯爵夫人寫信給他說：

> 從前你說：「因為缺少信心，我願自縊。」現在，你有了信心，為何你仍苦惱？

因為他不能有偽君子般的信心，那種自得自滿的信心。因為他沒有神祕思想家的自利主義，只顧自己的超升而不顧別人[3]，因為他懷有博愛，因為他此刻再不能忘記他所看到的慘狀，而在他熱烈的心的仁慈中他們的痛苦與墮落似乎是應由他負責的：他們是這個文明的犧牲品，而他便參與著這個犧牲了千萬生靈以造成的優秀階級，享有這個魔鬼階級的特權。接受這種以罪惡換來的福利，無異是共謀犯。在沒有自首之前，他的良心不得安息了。

《我們應當做什麼？》（一八八四至一八八六）[4]便是這第二次錯亂病的表白，這次的病比第一次的更為悲劇化，故它的後果亦更重大。在人類的苦海中，實在的，並非一般有閑的人在煩惱中造作出來的苦海中，托爾斯泰個人的宗教苦悶究竟算得什麼呢？

---

1 「迄今為止，我一向在都市之外過生活……」（《我們應當做什麼？》）

2 見前書。

3 對於那些「為自己而不為別人的苦行者」，托爾斯泰屢次表示反感。他把他們與驕傲而愚昧的革命家放在同一類型內，「他們自命要施善於人，可還不知道他們自己需要什麼……」托爾斯泰說：「我以同樣的愛情愛這兩種人，但我亦以同樣的憎恨恨他們的主義。唯一的主義是激發一種有恆的活動，支配一種適應心魂企望的生活，而努力籌思實現他人的幸福。基督的主義便是這樣的，它既無宗教的安息情調，亦無那般革命家般徒唱高調不知真正的幸福為何物的情境。」

4 全集卷二十六。

要不看見這種慘狀是不可能的。看到之後而不設法以任何代價去消除它亦是不可能的。

——可是，啊！消除它是可能的麼？

一幅奇妙的肖像，我見了不能不感動的，說出托爾斯泰在這時代所感的痛苦[5]。他是正面坐著，交叉著手臂，穿著農夫的衣服；他的神氣頗為頹喪。他的頭髮還是黑的，他的鬍鬚已經花白。他的長鬚與鬢毛已經全白了。雙重的皺痕在美麗寬廣的額角上畫成和諧的線條。這巨大的犬鼻，這副直望著你的又坦白又犀利又悲哀的眼睛，多少溫和善良啊！它們看得你那麼透徹。它們不啻在為你怨歎，為你可惜。眼眶下劃著深刻的線條的面孔，留著痛苦的痕跡。他曾哭泣過。但他很強，準備戰鬥。

他有他英雄式的邏輯：

我時常聽到下面這種議論，覺得非常錯異：「是的，在理論上的確不錯；但在實際上又將如何？」彷彿理論只是會話上必需的美麗的辭句，可絕不是要把它適合實際的！……至於我，只要我懂得了我所思索的事情，我再不能不依了我所了解的情形而做。[6]

他開始以照相一般準確的手法，把莫斯科的慘狀照他在參觀窮人區域與夜間棲留所裡所見的情形描寫下來[7]。他確信，這不復是如他最初所信的那樣，可以用金錢來拯救這些不幸者的，因為他們多少受著都市的毒害。於是，他勇敢地尋求災禍的由來。一層進一層，漸漸地發現了連鎖似的負責者。最初是富人，與富人們該詛咒的奢侈的享受，使人眩惑，以至墮落[8]。繼之是普遍的不勞而獲的生活欲。——其次是國家，為強項的人剝削其他部分的人類所造成的殘忍的總體。——教會更從旁助紂為虐。科學與藝術又是共謀犯……這一切罪惡的武器，怎樣能把它們打倒呢？第一要使自己不再成為造成罪惡的共犯。不參加剝削人類的工作。放棄金錢與田產，不為國家服務[9]。

---

5 一八八五年時代的照相，見全集版《我們應當做什麼？》中插圖。

6 見《我們應當做什麼？》

7 這第一部（前面的十五章）完全被俄國檢查委員會刪去。

8 「造成悲慘的主因是財富逐漸積聚在不生產的人手中，集中於大都會裡。富人們群集在都市中以便享樂與自衛。窮人們到城裡來仰他們的鼻息，拾他們的唾餘以苟延生命。奇怪的是這些窮人中竟有許多是工人，並不去做易於掙錢的事情，如經商、壟斷、行乞、舞弊，甚至搶劫。」

9 「罪惡的主因是產業。產業只是一項享受別人的工作的方法。」——托爾斯泰又言：產業不是屬於我們而是屬於他人的東西。「男人把他的妻，子，奴僕，物，稱為他的產業；但現實證明他的錯誤；他應當放棄，否則唯有自己痛苦而令人受苦。」托爾斯泰已預感到俄國的革命，他說：「三四年來，路人在謾罵我們，斥我們為懶蟲。被壓迫民眾的憤恨與輕蔑天天在增長。」（見《我們應當做什麼？》）

但這還不夠，更應當「不說謊」，不懼怕真理。應當「懺悔」，排斥與教育同時種根的驕傲。末了，應當「用自己的手勞作」。「以你額上流著的汗來換取你的麵包」這是第一條最主要的誡條[10]。托爾斯泰為預先答覆特殊階級的嘲笑起見，說肉體的勞作決不會摧殘靈智的力量，反而助它發展，適應本性的正常的需要。健康只會因之更加增進，藝術也因之進步。而且，它更能促進人類的團結。

在他以後的作品中，托爾斯泰又把這些保持精神健康的方法加以補充。他殫精竭慮地籌思如何救治心魂，如何培養元氣，同時又須排除麻醉意識的畸形的享樂和滅絕良知的殘酷的享樂[11]。他以身作則。一八八四年，他犧牲了他最根深柢固的嗜好：行獵[12]。他實行持齋以鍛煉意志；宛如一個運動家自己定下嚴厲的規條，迫使自己奮鬥與戰勝。

《我們應當做什麼？》這是托爾斯泰離開了宗教默想的相當的平和，而捲入社會漩渦後所取的艱難的途徑的第一程。這時候便開始了這二十載的苦鬥，孤獨的亞斯納亞老人在一切黨派之外，（並指責他們）與文明的罪惡與謊言對抗著。

在他周圍，托爾斯泰的精神革命並沒博得多少同情；它使他的家庭非常難堪。

好久以來，托爾斯泰伯爵夫人不安地觀察著她無法克服的病症的進展。自一八七四年起，她已因為她的丈夫為了學校白費了多少精神與時間，覺得十分懊惱。

這啟蒙讀本，這初級算術，這文法，我對之極端輕視，我不能假裝對之發生興趣。

但當教育學研究之後繼以宗教研究的時候，情形便不同了。伯爵夫人對於托爾斯泰篤信宗教後的初期的訴述覺得非常可厭，以至托爾斯泰在提及上帝這名詞時不得不請求

10 農民革命者邦達列夫〔編按：Sutaiev〕曾願這條律令成為全世界的律令。因此，托爾斯泰是受了他和另一個農人蘇塔耶夫〔編按：Sutaiev〕的影響：「我一生，在道德上受了兩個俄國思想家的影響，他們使我的思想更為充實，為我解釋了我自己的宇宙觀：這兩個人是農民蘇塔耶夫與邦達列夫。」（見前書）在本書中，托爾斯泰描寫蘇塔耶夫的相貌，記有與他的談話錄。

11 一八九五年發行的《煙草與酒精》，又名《畸形的享樂》，俄羅斯原文中又注著：《為何人們會麻醉》。《殘忍的享樂》，印行於一八九五年，中分：肉食者，戰爭，行獵。

12 托爾斯泰克制他這件嗜好是費了不少苦心，因為行獵是他最心愛的一種消遣，這且是他的父親遺傳給他的。他不是感傷的人，他亦不見得對於獸類有何憐憫。他的眼睛簡直不大注視這些畜類的——有時是那麼富於表情的——眼睛。除了馬，他具有一切貴族的癖好。實際上，他具有殘忍的本能。他曾講起他一棍打死了狼時，他感有一種特殊的快感。他的後悔的情操，發現得很晚。

寬恕：

當我說出上帝這名詞時，你不要生氣，如你有時會因之生氣那樣；我不能避免，因為他是我思想的基礎。[13]

無疑的，伯爵夫人是被感動了；她努力想隱藏她的煩躁的心情；但她不了解；她只是不安地注意著她的丈夫：

他的眼睛非常奇特，老是固定著。他幾乎不開口了。他似乎不是這個世界上的人。[14]

她想他是病了：

據列夫自己說他永遠在工作。可憐！他只寫著若干庸俗不足道的宗教論辯。他閱覽書籍，他冥想不已，以至使自己頭痛，而這一切不過是為要表明教會與福音書主義的不一致。這個問題在全俄羅斯至多不過有十餘人會對之發生興趣而已。但這是無法可想的。我只希望一點：這一切快快地過去，如一場疾病一般。[15]

疾病並不減輕。夫婦間的局勢愈來愈變得難堪了。他們相愛，他們有相互的敬意；但他們不能互相了解。他們勉力，作相互的讓步，但這相互的讓步慣會變成相互的痛苦。托爾斯泰勉強跟隨著他的家族到莫斯科。他在《日記》中寫道：

生平最困苦的一月。僑居於莫斯科。大家都安置好了。可是他們什麼時候開始生活呢？這一切，並非為生活，而是因為別人都是這樣做！可憐的人！……[16]

同時，伯爵夫人寫道：

13 一八七八年夏。
14 一八七八年十一月十八日。
15 一八七九年十一月。
16 一八八一年十月五日。

莫斯科。我們來此，到明日已居一月了。最初兩星期，我每天哭泣，因為列夫不獨是憂鬱，而且十分頹喪。他睡不熟，飲食不進，有時甚至哭泣，我曾想我將發瘋。[17]

他們不得不分離若干時。他們為了互相感染的痛苦而互相道歉。他們是永遠相愛著！……他寫信給她道：

你說：「我愛你，你卻不需要我愛你。」不，這是我唯一的需要啊……你的愛情比世界上一切都更使我幸福。[18]

但當他們一朝相遇的時候，齟齬又更進一層。伯爵夫人不能贊成托爾斯泰這種宗教熱，以至使他和一個猶太教士學習希伯萊文。

更無別的東西使他發生興趣。他為了這些蠢事而浪費他的精力。我不能隱藏我的不快。[19]

她寫信給他道：

看到以這樣的靈智的力量去用在鋸木、煮湯、縫靴的工作上，我只感到憂鬱。

而她更以好似一個母親看著她的半瘋癲的孩子玩耍般的動情與嘲弄的微笑，加上這幾句話：

可是我想到俄國的這句成語而安靜了：儘管孩子怎樣玩吧，只要他不哭。[20]

但這封信並沒寄出，因為她預想到她的丈夫讀到這幾行的時候，他的善良而天真的眼睛會因了這嘲弄的語氣而發愁；她重新拆開她的信，在愛的狂熱中寫道：

---

17 一八八一年十月十四日。

18 一八八二年三月。

19 一八八二年。

20 一八八四年十月二十三日。

突然，你在我面前顯現了，顯現得那麼明晰，以至我對你懷著多少溫情！你具有那麼乖，那麼善，那麼天真，那麼有恆的性格，而這一切更被那廣博的同情的光彩與那副直透入人類心魂的目光燭照著……這一切是你所獨具的。

這樣，兩個人互相愛憐，互相磨難，以後又為了不能自禁地互相給與的痛苦而懊喪煩惱。無法解決的局面，延宕了三十年之久，直到後來，這垂死的李爾王在精神迷亂的當兒突然逃往西伯利亞的時候才算終了。

人們尚未十分注意到《我們應當做什麼？》的末了有一段對於婦女的熱烈的宣言。——托爾斯泰對於現代的女權主義毫無好感[21]。但對於他所稱為「良母的女子」，對於一般認識人生真意義的女子，他卻表示虔誠的崇拜；他稱頌她們的痛苦與歡樂，懷孕與母性，可怕的苦痛，毫無休息的歲月，和不期待任何人報酬的無形的勞苦的工作，他亦稱頌，在痛苦完了，盡了自然律的使命的時候，她們心魂上所洋溢著的完滿的幸福。他描繪出一個勇敢的妻子的肖像，是對於丈夫成為一個助手而非阻礙的女子。她知道，「唯有沒有酬報的為別人的幽密的犧牲才是人類的天職」。

這樣的一個女子不獨不鼓勵她的丈夫去做虛偽欺妄的工作，享受別人的工作成績；而且她以深惡痛絕的態度排斥這種活動，以防止她的兒女們受到誘惑。她將督促她的伴侶去擔負真正的工作，需要精力不畏危險的工作……她知道孩子們，未來的一代，將令人類看到最聖潔的範型，而她的生命亦只是整個地奉獻給這神聖的事業的。她將在她的孩子與丈夫的心靈中開發他們的犧牲精神……統制著男子，為他們的安慰者的當是此等女子。……啊，良母的女子！人類的運命繫在你們手掌之間！[22]

這是一個在乞援在希冀的聲音的呼喚……難道沒有人聽見麼？……

幾年之後，希望的最後一道微光也熄滅了：

你也許不信；但你不能想像我是多麼孤獨，真正的我是被我周圍的一切人士蔑視到

21「只有在男子們不依照真正的工作律令的社會裡，才能產生這種所謂女權運動。沒有一個正當工人的妻子會要求參與礦中或田間的工作。實際上，她們只要求參與富人階級的幻想工作。」

22 這是《我們應當做什麼？》的最後幾行。時代是一八八六年二月十四日。

如何程度。[23]

最愛他的人，既如此不認識他精神改革的偉大性，我們自亦不能期待別人對他有何了解與尊敬了。屠格涅夫，是托爾斯泰為了基督徒式的謙卑精神——並非為了他對他的情操有何改變——而欲與之重歸舊好的[24]，曾幽默地說：「我為托爾斯泰可惜，但法國人說得好，各人各有撲滅虱蚤的方式。」[25]

幾年之後，在垂死的時候，屠格涅夫寫給托爾斯泰那封有名的信，在其中他請求他的「朋友，俄羅斯的大作家」「重新回到文學方面去」[26]。

全歐洲的藝術家都與垂死的屠格涅夫表示同樣的關切，贊同他的請求。特．沃居埃[27]在一八八六年所寫的《托爾斯泰研究》一書末了，他借著托爾斯泰穿農人衣服的肖像，向他作婉轉的諷勸：

傑作的巨匠，你的工具不在這裡！……我們的工具是筆；我們的園地是人類的心魂，它是亦應該受人照拂與撫育的。譬如莫斯科的第一個印刷工人，當被迫著去犁田的時候，他必將喊道：「我與散播麥種的事是無干的，我的職務只是在世界上散播靈智的種子。」

這彷彿是認為托爾斯泰曾想放棄他散播精神食糧的使命！……在《我的信仰的基礎》的終了[28]，他寫道：

我相信我的生命，我的理智，我的光明，只是為燭照人類而秉有的。我相信我對於真理的認識，是用以達到這目標的才能，這才能是一種火，但它只有在燃燒的時候才是火。我相信我的生命的唯一的意義是生活在我內心的光明中，把它在人類面前擎得高高

---

23 致友人書。

24 言歸舊好的事情是在一八七八年。托爾斯泰致書屠格涅夫請其原諒。屠格涅夫於一八七八年八月到亞斯納亞．波利亞納訪他。一八八一年七月，托爾斯泰回拜他。大家對於他舉動的改變，他的溫和，他的謙虛都感著驚訝。他彷彿是再生了。

25 致卜龍斯基〔編按：Polonski〕書。（見比魯科夫引述）

26 一八八三年六月二十八日在布吉瓦爾〔編按：Bougival〕地方所發的信。

27 編按：Eugène-Melchior de Vogüé（1848-1910）。

28 俄文原版第十二章。

的使他們能夠看到。[29]

但這光明，這「只有在燃燒的時候才是火」的火，使大半的藝術家為之不安。其中最聰明的也預料到他們的藝術將有被這火焰最先焚毀的危險。他們為了相信全部藝術受到威脅而惶亂，而托爾斯泰，如普洛斯帕羅[30]一樣，把他創造幻象的魔棒永遠折毀了。

但這些都是錯誤的見解；我將表明托爾斯泰非特沒有毀滅藝術，反而把藝術中一向靜止的力量激動起來，而他的宗教信仰也非特沒有滅絕他的藝術天才，反而把它革新了。

---

29 我們注意到在他責備托爾斯泰的文中，特．沃居埃不知不覺間也採用了托爾斯泰的語氣，他說：「不論是有理無理，也許是為了責罰，我們才從上天受到這必須而美妙的缺點：思想……擯棄這十字架是一種褻瀆的反叛。」（見《俄國小說論》，一八八六年）——可是托爾斯泰在一八八三年時寫信給他的姑母說：「各人都應當負起他的十字架……我的，是思想的工作，壞的、驕傲的，充滿著誘惑。」

30 譯按：普洛斯帕羅〔編按：Prospero，又譯普洛斯彼羅〕是莎士比亞《暴風雨》中的人物。

《藝術論》

奇怪的是人們講起托爾斯泰關於科學與藝術的思想時，往常竟不注意他表露這些思想最重要的著作：《我們應當做什麼？》（一八八四至一八八六）在此，托爾斯泰第一次攻擊科學與藝術；以後的戰鬥中更無一次是與這初次衝突時的猛烈相比擬的。我們奇怪最近在法國對科學與知識階級的虛榮心加以攻擊之時，竟沒有人想起重新流覽這些文字。它們包含著對於下列種種人物的最劇烈的抨擊：「科學的宦官」，「藝術的僭越者」，那些思想階級，自從打倒了或效忠了古昔的統治階級（教會、國家、軍隊）之後，居然占據了他們的地位，不願或不能為人類盡些微的力，藉口說人家崇拜他們，並盲目地為他們效勞，如主義一般宣揚著一種無恥的信仰，說什麼為科學的科學，為藝術的藝術——這是一種謊騙的面具，藉以遮掩他們個人的自私主義與他們的空虛。

「不要以為，」托爾斯泰又說，「我否定藝術與科學。我非特不否定它們，而是以它們的名義我要驅逐那些出賣殿堂的人。」

科學與藝術和麵包與水同樣重要，甚至更重要……真的科學是對於天職的認識，因此是對於人類的真正的福利的認識。真的藝術是認識天職的表白，是認識全人類的真福利的表白。

他頌贊的人，是：「自有人類以來，在豎琴或古琴上，在言語或形象上，表現他們對著欺罔的奮鬥，表現他們在奮鬥中所受的痛苦，表現他們的希望善獲得勝利，表現他們為了惡的勝利而絕望和為了企待未來的熱情。」

於是，他描畫出一個真正藝術家的形象，他的詞句中充滿著痛苦的與神祕的熱情：

科學與藝術的活動只有在不僭越任何權利而只認識義務的時候才有善果。因為犧牲是這種活動的原素，故才能夠為人類稱頌。那些以精神的勞作為他人服務的人，永遠為了要完成這事業而受苦：因為唯有在痛苦與煩悶中方能產生精神的境界。犧牲與痛苦，便是思想家與藝術家的運命：因為他的目的是大眾的福利。人是不幸的，他們受苦，他們死亡，我們沒有時間去閒逛與作樂。思想家或藝術家從不會如一般人素所相信的那樣，留在奧林匹克山的高處，他永遠處於惶惑與激動中。他應當決定並說出何者能給予人類的福利，何者能拯萬民於水火；他不決定，他不說出，明天也許太晚了，他自己也將死亡了……並非是在一所造成藝術家與博學者的機關中教養出來的人（且實在說來，在那裡，人們只能造成科學與藝術的破壞者），亦非獲得一紙文憑或享有俸給的人會成為一個思想家或藝術家；這是一個自願不思索不表白他的靈魂的蘊藉，但究竟不能不表白的人，因為他是被兩種無形的力量所驅使著：這是他的內在的需要與他對於人類的愛情。決沒有心寬體胖、自得自滿的藝術家。[1]

這美妙的一頁，在托爾斯泰的天才上不啻展開了悲劇的面目，它是在莫斯科慘狀所給予他的痛苦的直接印象之下，和在認科學與藝術是造成現代一切社會的不平等與偽善的共同犯這信念中寫成的。——這種信念他從此永遠保持著。但他和世界的悲慘初次接觸後的印象慢慢地減弱了；創痕也漸次平復了[2]；在他以後的著作中，我們一些也找不

1 見《我們應當做什麼？》第三七八至三七九頁。

2 他甚至要辯明痛苦——不獨是個人的而且是別人的痛苦。「因為撫慰別人的創痛才是理性生活的要素。對於一個勞動者，他的工作的物件怎麼會變為痛苦的物件？這彷佛如農夫說一塊沒有耕種的田於他是一樁痛苦一般。」

到像這部書中的痛苦的呻吟與報復式的忿怒。無論何處也找不到這個以自己的鮮血來創造的藝術家的宣道，這種犧牲，與痛苦的激動，說這是「思想家的宿命」，這種對於歌德式的藝術至上主義的痛惡。在以後批評藝術的著作中，他是以文學的觀點，而沒有那麼濃厚的神祕色彩來討論了，在此，藝術問題是和這人類的悲慘的背景分離了，這慘狀一向是使托爾斯泰想起了便要狂亂，如他看了夜間棲留所的那天晚上回到家裡便絕望地哭泣叫喊一般。

這不是說他的帶有教育意味的作品有時會變得冷酷的。冷酷，於他是不可能的。直到他逝世為止，他永遠是寫給費特信中的人物：

如果人們不愛他的人群，即是最卑微的，也應當痛罵他們，痛罵到使上天也為之臉紅耳赤，或嘲笑他們使他們肚子也為之氣破。[3]

在他關於藝術的著作中，他便實踐他的主張。否定的部分——謾罵與譏諷——是那麼激烈，以至藝術家們只看到他的謾罵與譏諷。他也過分猛烈地攻擊他們的迷信與敏感，以至他們把他認做不獨是他們的藝術之敵，而且是一切藝術之敵。但托爾斯泰的批評，是永遠緊接著建設的。他從來不為破壞而破壞，而是為建設而破壞。且在他謙虛的性格中，他從不自命建立什麼新的東西；他只是防衛藝術，防衛它不使一般假的藝術家去利用它，損害它的榮譽。

一八八七年，在他那著名的《藝術論》問世以前十年，他寫信給我道：

真的科學與真的藝術曾經存在，且將永遠存在。這是不能且亦不用爭議的。今日一切的罪惡是由於一般自命為文明人——他們旁邊還有學者與藝術家——實際上都是如僧侶一樣的特權階級之故。這個階級卻具有一切階級的缺點。它把社會上的原則降低著來遷就它本身的組織。在我們的世界上所稱為科學與藝術的只是一場大騙局，一種大迷信，為我們脫出了教會的古舊迷信後會墮入的新迷信。要認清我們所應遵奔的道路，必得從頭開始——必得把使我覺得溫暖但遮掩我的視線的風帽推開。誘惑力是很大的。或是我們生下來便會受著誘惑的，或者我們一級一級爬上階梯；於是我們處於享有特權的人群中，處於文明，或如德國人所說的文化的僧侶群中了。我們應當，好似對於婆羅門教或

[3] 據一八六〇年二月二十三日通訊。——托爾斯泰所以不喜屠格涅夫的哀怨病態的藝術者以此。

基督教教士一樣，應當有極大的真誠與對於真理的熱愛，才能把保障我們的特權的原則重新加以審核。但一個嚴正的人，在提出人生問題時，決不能猶豫。為具有明察秋毫的目光起見，他應當擺脫他的迷信，雖然這迷信於他的地位是有利的。這是必不可少的條件……沒有迷信。使自己處在一個兒童般的境地中，或如笛卡爾一樣的尊重理智……[4]

這權利階級所享受的現代藝術的迷信，這「大騙局」，被托爾斯泰在他的《藝術論》中揭發了[5]。用嚴厲的詞句，他揭發它的可笑、貧弱、虛偽、根本的墮落。他排斥已成的一切。他對於這種破壞工作，感到如兒童毀滅玩具一般的喜悅。這批評全部充滿著調笑的氣氛，但也含有許多偏狂的見解，這是戰爭。托爾斯泰使用種種武器隨意亂擊，並不稍加注意他所抨擊的物件的真面目。往往，有如在一切戰爭中所發生的那樣，他攻擊他其實應該加以衛護的人物，如：易卜生或貝多芬。這是因為他過於激動了，在動作之前沒有相當的時間去思索，也因為他的熱情使他對於他的理由的弱點完全盲目，且也——我們應當說——因為他的藝術修養不充分之故。

在他關於文學方面的流覽之外，他還能認識什麼現代藝術？他看到些什麼繪畫，他能聽到些什麼歐羅巴音樂，這位鄉紳，四分之三的生活都消磨在莫斯科近郊的鄉村中，自一八六〇年後沒有來過歐洲；——且除了唯一使他感到興趣的學校之外，他還看到些什麼？——關於繪畫，他完全摭拾些道聽塗說的話，毫無秩序的引述，他所認為頹廢的，有皮維斯[6]、馬奈、莫內、勃克林[7]、施圖克[8]、克林格[9]，他為了他們所表現的善良的情操而佩服的，有布雷東[10]、賴爾米特[11]，但他蔑視米開朗基羅，且在描寫心靈的畫家中，亦從未提及倫勃朗[12]。——關於音樂，他比較能感覺[13]，但亦並不認識：他

4 這封信的日期是一八八七年十月四日，曾於一九〇二年發表於巴黎《半月刊》〔編按：*Cahiers de la quinzaine*〕上。

5 《藝術論》（譯按：依原文直譯是《何謂藝術？》今據國內已有譯名）於一八九七至一八九八年間印行，但托爾斯泰籌思此書已有十五年之久。

6 編按：Pierre Puvis de Chavannes（1824-1898），法國畫家。

7 編按：Arnold Böcklin（1827-1901），瑞士象徵主義畫家。

8 編按：Franz von Stuck（1863-1928），德國畫家、雕塑家、版畫家和建築師。

9 編按：Max Klinger（1857-1920），德國象徵主義畫家和雕塑家。

10 編按：Jules Breton（1827-1906），法國自然主義畫家。

11 編按：Léon Augustin Lhermitte（1844-1925），法國寫實主義畫家和蝕刻畫家。

12 編按：即林布蘭（Rembrandt Harmenszoon van Rijn, 1606-1669）。

13 關於這點，我將在論及《克勒策奏鳴曲》時再行提及。

只留在他童年的印象中，只知道在一八四〇年時代已經成了古典派的作家，此後的作家他一些不知道了（除了柴可夫斯基，他的音樂使他哭泣）；他把勃拉姆斯[14]與理查・施特勞斯同樣加以排斥，他竟教訓貝多芬[15]，而在批判瓦格納時，只聽到一次《西格弗里德》[16]便自以為認識了他全部，且他去聽《西格弗里德》，還是在上演開始後進場而在第二幕中間已經退出的[17]。——關於文學的知識，當然較為豐富。但不知由於何種奇特的錯誤，他竟避免去批判他認識最真切的俄國作家，而居然去向外國詩人宣道，他們的思想和他的原來相差極遠，他們的作品也只被他藐視地隨手翻過一遍！[18]

他的武斷更隨了年齡而增長。他甚至寫了一整部的書以證明莎士比亞「不是一個藝術家」。

> 他可以成為任何角色；但他不是一個藝術家。[19]

這種肯定真堪佩服！托爾斯泰不懷疑。他不肯討論。他握有真理。他會和你說：

> 第九交響曲是一件分離人群的作品。[20]

或：

除了巴赫的著名的小提琴調與蕭邦的E調夜曲，及在海頓、莫札特、舒伯特、貝多芬、蕭邦等的作品中選出的十幾件作品——且也不過這些作品中的一部分——之外，其他的一切都應該排斥與蔑視，如對付分離人群的藝術一般。

---

14 編按：即布拉姆斯（Johannes Brahms, 1833-1897）。

15 他的偏執自一八八六年更加厲害了。在《我們應當做什麼？》一書中，他還不敢得罪貝多芬，也不敢得罪莎士比亞。他反而責備當代的藝術家敢指摘他們。「伽利略、莎士比亞、貝多芬的活動和雨果、瓦格納們的絕無相似之處。正如聖徒們不承認與教皇有何共通性一般。」（見上述書）

16 編按：即《齊格菲》（*Siegfried*），華格納歌劇《尼伯龍根的指環》（*Der Ring des Nibelungen*）第三部。

17 那時他還想在第一幕未定前就走掉。「為我，問題是解決了，我更無疑惑。對於一個能想像出這些情景的作家沒有什麼可以期待。我們可以預言他所寫的東西永遠是壞的。」

18 大家知道，他為要在法國現代詩人作品中作一選擇起見，曾發明這可驚的原則：「在每一部書中，抄錄在第二十八頁上的詩。」

19 《莎士比亞論》（一九〇三）——寫作這部書的動機是由於埃內斯特·格羅斯比〔編按：Ernest Crosby, 1856-1907〕的一篇關於《莎士比亞與勞工階級》〔編按：*Shakespeare et la classe ouvrière*〕的論文所引起的。

20 原文是：「第九交響曲不能聯合一切人，只能聯合一小部分，為它把他們和其餘的人分離著的。」

或：

我將證明莎士比亞簡直不能稱為一個第四流的作家。且在描寫人性的一點上，他是完全無能的。

不論世界上其他的人類都不贊同他的意見，可不能阻止他，正是相反！

「我的見解，」他高傲地寫道，「是和歐洲一切對於莎士比亞的見解不同的。」

在他對於謊言的糾纏中，他到處感覺到有謊言；有一種愈是普遍地流行的思念，他愈要加以攻擊；他不相信，他猜疑，如他說起莎士比亞的光榮的時候，說：「這是人類永遠會感受的一種傳染病式的影響。中世紀的十字軍，相信妖術，追求方士煉丹之術都是的。人類只有在擺脫之後才能看到他們感染影響時的瘋狂。因了報紙的發達，這些傳染病更為猖獗。」——他還把「德雷福斯事件」[21]做為這種傳染病的最近的例子。他，這一切不公平的仇敵，一切被壓迫者的防衛者，他講起這大事件時竟帶著一種輕蔑的淡漠之情[22]。這個明顯的例子，可以證明，他矯枉過正的態度把他對於謊言的痛恨與指斥「精神傳染病」的本能，一直推到何等極端的地步。他自己亦知道，可無法克制。人類道德的背面，不可思議的盲目，使這個洞察心魂的明眼人，這個熱情的喚引者，把《李爾王》當作「拙劣的作品」。把高傲的考狄利亞[23]當作「毫無個性的人物」[24]。

---

21 編按：Dreyfus affair，十九世紀末發生在法國的政治事件與社會運動事件。

22 「這是一件常有的事情，從未引起任何人注意的，我不說普世的人，但即是法國軍界也從未加以注意。」以後他又說：「大概要數年之後，人們才會從迷惘中醒悟，懂得他們全然不知德雷福斯究竟是有罪無罪，而每個人都有比這德雷福斯事件更重大更直接的事情須加注意。」（《莎士比亞論》）

23 譯按：李爾王的女兒，一個模範的孝女。

24 「《李爾王》是一齣極壞、極潦草的戲劇，它只令人厭惡。」——《奧賽羅》比較博得托爾斯泰的好感，無疑是因為它和他那時代關於婚姻和嫉妒的見解相合之故。「它固然是莎士比亞最不惡劣的作品，但亦只是一組誇大的言語的聯合罷了。」哈姆萊特這人物毫無性格可言：「這是作者的一架留聲器，它機械地縷述作者的思想。」至於《暴風雨》《辛白林》〔編按：*Cymbeline*〕《特羅伊羅斯與克瑞西達》〔編按：*Troilus and Cressida*〕等，他只是為了它們的「拙劣」而提及。他認為莎士比亞的唯一的自然的人物，是福斯塔夫〔編按：指《亨利四世》中的約翰・法斯塔夫爵士，**Sir John Falstaff**〕，「正因為在此，莎士比亞的冷酷與譏諷的言語和劇中人的虛榮、矯偽、墮落的性格相合之故」。可是托爾斯泰並不永遠這麼思想。在一八六〇至一八七〇年間，他很高興讀莎士比亞的劇作，尤其在他想編一部關於彼得一世〔編按：即彼得大帝，Peter the Great, 1672-1725〕的史劇的時代。在一八六九年筆記中，我們可以看出他即把《哈姆萊特》〔編按：即《哈姆雷特》，*Hamlet*〕做為他的模範與指導。他在提及他剛好完成的工作《戰爭與和平》之後，他說：「哈姆萊特與我將來的工作，這是小說家的詩意用於描繪性格。」

但也得承認他很明白地看到莎士比亞的若干缺點，為我們不能真誠地說出的；例如，詩句的雕琢，籠統地應用於一切人物的熱情的傾訴，英雄主義，單純質樸。我完全懂得，托爾斯泰在一切作家中是最少文學家氣質的人，故他對於文人中最有天才的人的藝術，自然沒有多少好感。但他為何要耗費時間去講人家所不能懂得的事物？而且批判對於你完全不相干的世界又有什麼價值？

如果我們要在這些批判中去探尋那些外國文學的門徑，那麼這些批判是毫無價值的。如果我們要在其中探尋托爾斯泰的藝術寶鑰，那麼，它的價值是無可估計的。我們不能向一個創造的天才要求大公無私的批評。當瓦格納、托爾斯泰在談起貝多芬與莎士比亞時，他們所談的並非是貝多芬與莎士比亞，而是他們自身；他們在發表自己的理想。他們簡直不試著騙我們。批判莎士比亞時，托爾斯泰並不使自己成為「客觀」。他正責備莎士比亞的客觀的藝術。《戰爭與和平》的作者，無人格性的藝術的大師，對於那些德國批評家，在歌德之後發現了莎士比亞，發現了「藝術應當是客觀的，即是應當在一切道德價值之外去表現故事——這是否定以宗教為目的的藝術」這種理論的人，似乎還輕蔑得不夠。

因此托爾斯泰是站在信仰的高峰宣佈他的藝術批判，在他的批評中，不必尋覓任何個人的成見。他並不把自己做為一種模範；他對於自己的作品和對於別人的作品同樣毫無憐惜[25]。那麼，他願望什麼，他所提議的宗教理想對於藝術又有什麼價值？

這理想是美妙的。「宗教藝術」這名詞，在含義的廣博上容易令人誤會。其實，托爾斯泰並沒限制藝術，而是把藝術擴大了。藝術，他說，到處皆是。

藝術滲透我們全部的生活，我們所稱為藝術的：戲劇、音樂會、書籍、展覽會，只是極微小的部分而已。我們的生活充滿了各色各種的藝術表白，自兒童的遊戲直至宗教儀式。藝術與言語是人類進步的兩大機能。一是溝通心靈的，一是交換思想的。如果其中有一個誤入歧途，社會便要發生病態。今日的藝術即已走入了歧途。

自文藝復興以來，我們再不能談起基督教諸國的一種藝術。各階級是互相分離了。富人，享有特權者，僭越了藝術的專利權；他們依了自己的歡喜，立下藝術的水準。在

25 他把他的幻想之作亦列入「壞的藝術」中。（見《藝術論》）——他在批斥現代藝術時，也不把他自己所作的戲劇做為例外，他批評道「缺少未來戲劇所應做為基礎的宗教觀念」。

遠離窮人的時候，藝術變得貧弱了。

不靠工作而生活的人所感到的種種情操，較之工作的人所感到的情操要狹隘得多。現代社會的情操可以概括為三：驕傲，肉感，生活的困倦。這三種情操及其分支，差不多造成了富人階級的全部藝術題材。

它使世界腐化，使民眾頹廢。助長淫欲，它成為實現人類福利的最大障礙。而且它也沒有真正的美，不自然，不真誠——是一種造作的、肉的藝術。

在這些美學者的謊言與富人的消遣品前面，我們來建立起活的，人間的，聯合人類、聯合階級、團結國家的藝術。過去便有光榮的榜樣。

我們所認為最崇高的藝術：永遠為大多數的人類懂得並愛好的，創世紀的史詩、福音書的寓言、傳說、童話、民間歌謠。

最偉大的藝術是傳達時代的宗教意識的作品。在此不要以為是一種教會的主義。

「每個社會有一種對於人生的宗教觀：這是整個社會都嚮往的一種幸福的理想。」大家都有一種情操，不論感覺得明顯些或暗晦些；若干前鋒的人便明白確切地表現出來。

永遠有一種宗教意識。這是河床。[26]

我們這時代的宗教意識，是對於由人類友愛造成的幸福的企望。只有為了這種結合而工作的才是真正的藝術。最崇高的藝術，是以愛的力量來直接完成這事業的藝術。但以憤激與輕蔑的手段攻擊一切反博愛原則的事物，也是一種參加這事業的藝術。例如，狄更斯的小說、杜斯妥也夫斯基的作品、雨果的《悲慘世界》、米勒的繪畫。即是不達到這高峰的，一切以同情與真理來表現日常生活的藝術亦能促進人類的團結。例如《堂吉訶德》，與莫里哀的戲劇。當然，這最後一種藝術往往因為它的過於瑣碎的寫實主義與題材的貧弱而犯有錯誤，「如果我們把它和古代的模範，如《約瑟行述》[27]來相比的

26 或更確切地說：「這是河流的方向。」

27 編按：指舊約聖經中的約瑟。

時候」。過於真切的枝節會妨害作品，使它不能成為普遍的。

現代作品常為寫實主義所累，我們更應當指斥這藝術上狹隘的情調。

這樣，托爾斯泰毫無猶豫地批判他自己的天才的要素。對於他，把他自己整個的為了未來而犧牲，使他自己什麼也不再存留，也是毫無關係的。

未來的藝術定不會承繼現在的藝術，它將建築於別的基礎之上。它將不復是一個階級的所有物。藝術不是一種技藝，它是真實情操的表白。可是，藝術家唯有不孤獨，唯有度著人類自然生活的時候，才能感到真實的情操。故凡受到人生的庇護的人，在創造上，是處於最壞的環境中。

在將來，「將是一切有天職的人成為藝術家的」。「由於初級學校中便有音樂與繪畫的課程和文法同時教授兒童」，使大家都有達到藝術活動的機會。而且，藝術更不用複雜的技巧，如現在這樣，它將走上簡潔、單純、明白的路，這是古典的、健全的、荷馬的藝術的要素[28]。在這線條明淨的藝術中表現這普遍的情操，將是何等的美妙！為了千萬的人類去寫一篇童話或一曲歌，畫一幅像，比較寫一部小說或交響曲重要而且難得多[29]。這是一片廣大的、幾乎還是未經開發的園地。由於這些作品，人類將懂得友愛的團結的幸福。

藝術應當剷除強暴，而且唯有它才能做到。它的使命是要使天國，即愛，來統治一切。[30]

---

28 一八七三年，托爾斯泰寫道：「你可以任意思想，但你作品中每個字，必須為一個把書籍從印刷所運出的推車夫也能懂得。在一種完全明白與質樸的文字中決不會寫出壞的東西。」

29 托爾斯泰自己做出例子。他的「讀本四種」為全俄羅斯所有的小學校——不論是教內或教外的——採用。他的《通俗短篇》成為無數民眾的讀物。斯捷潘·阿尼金〔編按：Stephan Anikine〕於一九一〇年十二月七日在日內瓦大學演講〈紀念托爾斯泰〉〔編按：*A la mémoire de Tolstoï*〕詞中有言：「在下層民眾中，托爾斯泰的名字和『書籍』的概念聯在一起了。」我們可以聽到一個俄國鄉人在圖書館中向管理員說：「給我一個好書，一本托爾斯泰式的！」（他的意思是要一部厚厚的書。）

30 這人類間友愛的聯合，對於托爾斯泰還不是人類活動的終極；他的不知足的心魂使他懷著超過愛的一種渺茫的理想，他說：「也許有一天科學將發現一種更高的藝術理想，由藝術來加以實現。」

我們之中誰又不贊同這些慷慨的言辭呢？且誰又不看到，含有多少理想與稚氣的托爾斯泰的觀念，是生動的與豐富的！是的，我們的藝術，全部只是一個階級的表白，在這一個國家與別一個國家的界域上，又分化為若干敵對的領土。在歐洲沒有一個藝術家的心魂能實現各種黨派各個種族的團結。在我們的時代，最普遍的，即是托爾斯泰的心魂。在他的心靈上，我們相愛了，一切階級一切民族中的人都聯合一致了。他，如我們一樣，體味過了這偉大的愛，再不能以歐洲狹小團體的藝術所給予我們的人類偉大心魂的殘餘為滿足了。

《通俗故事》《黑暗的力量》《伊萬・伊里奇之死》《克勒策奏鳴曲》

最美的理論只有在作品中表現出來時才有價值。對於托爾斯泰，理論與創作永遠是相連的，有如信仰與行動一般。正當他構成他的藝術批評時，他同時拿出他所希求的新藝術的模型。這模型包括兩種藝術形式，一是崇高的，一是通俗的，在最富人間性的意義上，都是「宗教的」——一是努力以愛情來團結人類，一是對愛情的仇敵宣戰。他寫成了下列幾部傑作：《伊萬・伊里奇之死》（一八八四至一八八六），《民間故事與童話》（一八八一至一八八六），《黑暗的力量》（一八八六），《克勒策奏鳴曲》（一八八九），和《主與僕》（一八九五）[1]。這一個藝術時期仿如一座有兩個塔尖的大寺，一個象徵永恆的愛，一個象徵世間的仇恨；在這個時間的終極與最高峰誕生了《復

---

1 同時代還有一部描寫一匹馬的美麗的小說，實際上是在他訂婚至婚後最初幾年的幸福的光陰中寫的。

活》（一八九九）。

這一切作品，在新的藝術性格上，都和以前的大不相同。托爾斯泰不特對於藝術的目的，且對於藝術的形式也改變了見解。在《我們應當做什麼？》或《莎士比亞論》中，我們讀到他所說的趣味與表現的原則覺得奇怪。它們大半都和他以前的大作抵觸的。「清楚，質樸，含蓄」，我們在《我們應當做什麼？》中讀到這些標語。他蔑視一切物質的效果，批斥細磨細琢的寫實主義。——在《莎士比亞論》中，他又發表關於完美與節度的純古典派的理想。「沒有節度觀念，沒有真正的藝術家。」——而在他的新作品中[2]，即使這老人不能把他自己，把他的分析天才與天生的獷野完全抹煞（在若干方面，這些天稟反而更明顯），但線條變得更明顯更強烈，心魂蓄藏著更多的曲折，內心變化更為集中，宛如一頭被囚的動物集中力量準備飛騰一般，更為普遍的感情從一種固有色彩的寫實主義與短時間的枝節中解脫出來，末了，他的言語也更富形象，更有韻味，令人感到大地的氣息：總之他的藝術是深深地改變了。

他對於民眾的愛情，好久以來已使他體味通俗言語之美。童時他受過行乞說書者所講的故事的薰陶。成人而變了名作家之後，他在和鄉人的談話中感到一種藝術的樂趣。

「這些人，」以後他和保爾．布瓦耶說，「是創造的名手。當我從前和他們，或和這些背了糧袋在我們田野中亂跑的流浪者談話時，我曾把為我是第一次聽到的言詞，為我們現代文學語言所遺忘，但老是為若干古老的俄國鄉間所鑄造出來的言詞，詳細記錄下來……是啊，言語的天才存在於這等人身上……」[3]

他對於這種語言的感覺更為敏銳，尤其因為他的思想沒有被文學窒息[4]。遠離著城市，混在鄉人中間過生活，久而久之，他思想的方式漸漸變得如農人一般。他和他們一樣，具有冗長的辯證法，理解力進行極緩，有時混雜著令人不快的激動，老是重複說盡人皆知的事情，而且用了同樣的語句。

但這些卻是民間語言的缺陷而非長處。只是年深月久之後，他才領會到其中隱藏著的天才，如生動的形象、狂放的詩情、傳說式的智慧。自《戰爭與和平》那時代始，他已在受著它的影響。一八七二年三月，他寫信給斯特拉科夫[5]說：

---

2 《克勒策奏鳴曲》《黑暗的力量》。

3 見一九〇一年八月二十九日巴黎《時報》。

4 他的友人德魯日寧於一八五六年時對他說：「在文學的風格上，你是極不雕琢的，有時如一個革新者，有時如一個大詩人，有時好似一個軍官寫給他的同伴的信。你用了愛情所寫的是美妙無比。只要你稍為變得淡漠，你的作風立刻模糊了，甚至可怕。」

5 編按：Nikolay Strakhov（1828-1896），俄羅斯哲學家、宣傳家，新聞記者和文學評論家。

我改變了我的語言與文體。民眾的語言具有表現詩人所能說的一切的聲音。它是詩歌上最好的調節器。即使人們要說什麼過分或誇大的話，這種語言也不能容受。不像我們的文學語言般沒有骨幹，可以隨心所欲地受人支配，完全是舞文弄墨的事情。[6]

他不獨在風格上採取民眾語言的模型；他的許多感應亦是受它之賜。一八七七年，一個流浪的說書者到亞斯納亞．波利亞納來，托爾斯泰把他所講的故事記錄了好幾樁。如幾年之後托爾斯泰所發表的最美的《民間故事與童話》中《人靠了什麼生活？》與《三老人》兩篇即是淵源於此[7]。

近代藝術中獨一無二之作。比藝術更崇高的作品：在讀它的時候，誰還想起文學這東西？福音書的精神，同胞一般的人類的貞潔的愛，更雜著民間智慧的微笑般的歡悅，單純，質樸，明淨，無可磨滅的心的慈悲——和有時那麼自然地照耀著作品的超自然的光彩！在一道金光中它籠罩著一個中心人物愛里賽老人[8]，或是鞋匠馬丁——那個從與地一樣平的天窗中看見行人的腳和上帝裝作窮人去訪問他的人[9]。這些故事，除了福音書中的寓言之外，更雜有東方傳說的香味，如他童時起便愛好的《天方夜譚》中的[10]。有時是一道神怪的光芒閃耀著，使故事具有駭人的偉大。有如《農奴巴霍姆》[11]，拚命收買土地，收買在一天中所走到的全部土地。而他在走到的時候死了。

在山崗上，斯塔爾希納坐在地下，看他奔跑。巴霍姆倒下了。

——「啊！勇敢的人，壯士，你獲得了許多土地。」

斯塔爾希納站起，把一把鏟擲給巴霍姆的僕人！

——「哦！把他瘞埋吧。」

僕人一個子，為巴霍姆掘了一個墓穴，恰如他從頭到腳的長度——他把他瘞了。

---

6 見《托爾斯泰——生活與作品》。——一八七九年夏天，托爾斯泰與農人交往甚密，斯特拉科夫告訴我們，除了宗教之外，「他對於言語極感興趣。他開始明白地感到平民言語的美，每天，他發現新字，每天，他更蔑視文言的言語」。

7 在他讀書箚記中（一八六〇至一八七〇），托爾斯泰記著：「bylines故事……極大的印象。」

8 見《兩個老人》。（一八八五）

9 見《愛與上帝永遠一致》。（一八八五）

10 見《人靠了什麼生活？》（一八八一）；《三老人》（一八八四）；《義子》（一八八六）。

11 這篇故事又名《一個人需要許多土地嗎？》。（一八八六）

這些故事，在詩的氣氛中，幾都含有福音書中的道德教訓，關於退讓與寬恕的：

不要報復得罪你的人。[12]

不要抵抗損害你的人。[13]

報復是屬於我的。上帝說。[14]

無論何處，結論永遠是愛。願建立一種為一切人類的藝術的托爾斯泰一下子獲得了普遍性。在全世界，他的作品獲得永無終止的成功：因為它從藝術的一切朽腐的原子中昇華出來；在此只有永恆。

《黑暗的力量》一書，並不建築於心的嚴肅的單純的基礎上；它絕無這種口實：這是另外的一方面。一面是神明的博愛之夢。一面是殘酷的現實。在讀這部戲劇時，我們可以看到托爾斯泰是否果能把民眾理想化而揭穿真理！

托爾斯泰在他大半的戲劇試作中是那麼笨拙，在此卻達到了指揮如意的境界[15]。性格與行動佈置得頗為自然：剛愎自用的尼基塔，阿尼西婭的狂亂與縱欲的熱情，老馬特廖娜的無恥的純樸，養成她兒子的姦情，老阿基姆的聖潔——不啻是一個外似可笑而內是神明的人。——接著是尼基塔的潰滅，並不兇惡的弱者，雖然自己努力要懸崖勒馬，但終於被他的母與妻誘入墮落與犯罪之途。

> 農奴是不值錢的。但她們這些野獸！什麼都不怕……你們，其他的姊妹們，你們是幾千幾萬的俄國人，而你們竟如土龍一樣盲目，你們什麼都不知道，什麼都不知道！……農奴他至少還能在酒店裡，或者在牢獄裡——誰知道？——軍營裡學習什麼

---

12 見《熊熊之火不復熄》。（一八八五）

13 見《大蠟燭》（一八八五）；《蠢貨伊萬的故事》（編按：即《傻子伊凡》）。

14 見《義子》。（這些短篇故事刊於全集第十九卷）

15 他對於戲劇發生興趣已是相當遲晚的事。這是一八六九至一八七〇年間冬天的發現；依著他素來的脾氣，他立刻有了戲劇狂。「這個冬天，我完全用於研究戲劇；好似那些直到五十歲才突然發現一向忽略的題材的人們，在其中看到許多新事物……我讀了莎士比亞、歌德、普希金、果戈理、莫里哀……我願讀索福克勒斯（編按：即索福克里斯，Sophocle，BC 496/497-BC 405/406，古希臘三大悲劇詩人之一）與歐里庇得斯（編按：即尤里比底斯，Euripide，BC 480-BC406，古希臘三大悲劇詩人之一）……我臥病甚久，那時候，戲劇中的人物在我心中一一映現……」（見一八七〇年二月十七至二十一日致費特書）

東西，可是野獸……什麼？她什麼也不看見，不聽得。她如何生長，便如何死去。完了……她們如一群盲目的小犬，東奔西竄，只把頭往垃圾堆裡亂撞。她們只知道她們愚蠢的歌曲：「嗚——嗚！嗚——嗚！」什麼！……嗚——嗚？她們不知道。[16]

以後是謀害新生嬰兒的可怕的一場。尼基塔不願殺。但阿尼西婭，為了他而謀害了她的丈夫的女人，她的神經一直為了這件罪案而拗執著痛苦著，她變得如野獸一般，發瘋了，威嚇著要告發他；她喊道：

> 至少，我不復是孤獨的了。他也將是一個殺人犯。讓他知道什麼叫做兇犯！

尼基塔在兩塊木板中把孩子壓死。在他犯罪的中間，他嚇呆了，逃，他威嚇著要殺阿尼西婭與他的母親，他嚎啕，他哀求：

> 我的小母親，我不能再支持下去了！

他以為聽見了被壓死的孩子的叫喊。

我逃到哪裡去？

這是莎士比亞式的場面。——沒有上一場那樣的獷野，但更慘痛的，是小女孩與老僕的對話。他們在夜裡聽到，猜到在外面展演的慘案。

末了是自願的懲罰。尼基塔，由他的父親阿基姆陪著，赤著足，走入一個正在舉行結婚禮的人群中。他跪著，他向全體請求寬恕，他自己供認他的罪狀。老人阿基姆用痛苦的目光注視著他鼓勵他：

上帝！噢！他在這裡，上帝！

這部劇作所以具有一種特殊的藝術韻味者，更因為它採用鄉人的語言。

---

16 見第四幕。

「我搜遍我的筆記夾以寫成《黑暗的力量》。」這是托爾斯泰和保爾・布瓦耶所說的話。

這些突兀的形象，完全是從俄國民眾的諷刺與抒情的靈魂中湧現出來的，自有一種強烈鮮明的色彩，使一切文學的形象都為之黯然無色。我們感到作者在藝術家身份上，以記錄這些表白與思想為樂，可笑之處也沒有逃過他的手法[17]；而在熱情的使徒身分上，卻在為了靈魂的黑暗而痛惜。

在觀察著民眾，從高處放一道光彩透破他們的黑夜的時候，托爾斯泰對於資產與中產階級的更黑暗的長夜，又寫了兩部悲壯的小說。我們可以感到，在這時代，戲劇的形式統制著他的藝術思想。《伊萬・伊里奇之死》與《克勒策奏鳴曲》兩部小說都是緊湊的、集中的內心悲劇；在《克勒策奏鳴曲》中，又是悲劇的主人翁自己講述的。

《伊萬・伊里奇之死》（一八八四至一八八六）是激動法國民眾最劇烈的俄國作品之一。本書之首，我曾說過我親自見到法國外省的中產者，平日最不關心藝術的人，對於這部作品也受著極大的感動。這是因為這部作品是以駭人的寫實手腕，描寫這些中等人物中的一個典型，盡職的公務員，沒有宗教，沒有理想，差不多也沒有思想，埋沒在他的職務中，在他的機械生活中，直到臨死的時光方才懍然發覺自己虛度了一世。伊萬·伊里奇是一八八〇年時代的歐洲中產階級的代表，他們讀著左拉的作品，聽著薩拉·伯恩哈特[18]的演唱，毫無信仰，甚至也不是非宗教者：因為他們既不願費心去信仰，也不願費心去不信仰——他們從來不想這些。

由於對人世尤其對婚姻的暴烈的攻擊與挖苦，《伊萬·伊里奇之死》是一組新作品的開始；它是《克勒策奏鳴曲》與《復活》的更為深刻與慘痛的描寫的預告。它描寫這種人生（這種人生何止千萬）的可憐的空虛，無聊的野心，狹隘的自滿——「至多是每天晚上和他的妻子面對面坐著，」——職業方面的煩惱，想像著真正的幸福，玩玩「非斯脫」[19]紙牌。而這種可笑的人生為了一個更可笑的原因而喪失，當伊萬·伊里奇有一天要在客廳的窗上懸掛一條窗簾而從扶梯上滑跌下來之後。人生的虛偽。疾病的虛偽。

17 一八八七年正月托爾斯泰致書捷涅羅莫有言：「我生活得很好，且很快樂。這一向我為了我的劇本《黑暗的力量》而工作。它已完工了。」

18 編按：即莎拉·伯恩哈特（Sarah Bernhardt, 1844-1923），法國舞台劇和電影女演員。

19 編按：即惠斯特橋牌（Whist）。

只顧自己的強健的醫生的虛偽。為了疾病感到厭惡的家庭的虛偽。妻子的虛偽，她只籌畫著丈夫死後她將如何生活。一切都是虛偽，只有富有同情的僕人，對於垂死的人並不隱瞞他的病狀而友愛地看護著他。伊萬．伊里奇「對自己感覺無窮的痛惜」，為了自己的孤獨與人類的自私而痛哭；他受著極殘酷的痛苦，直到他發覺他過去的生活只是一場騙局的那天，但這騙局，他還可補救。立刻，一切都變得清明了——這是在他逝世的一小時之前。他不復想到他自己，他想著他的家族，他矜憐他們；他應當死，使他們擺脫他。

——痛苦，你在哪裡？——啊，在這裡⋯⋯那麼，你頑強執拗下去吧。——死，它在哪裡？——他已找不到它了。沒有死，只有光明。——「完了。」有人說。——他聽到這些話，把它們重複地說。——「死不復存在了。」他自言自語說。

在《克勒策奏鳴曲》中，簡直沒有這種光明的顯露[20]。這是一部攻擊社會的獰惡可怖的作品，有如一頭受創的野獸，要向他的傷害者報復。我們不要忘記，這是殺了人，為嫉妒的毒素侵蝕著的兇橫的人類的懺悔錄。托爾斯泰在他的人物後面隱避了。無疑的，我們在對於一般的偽善的攻擊中可以找到他的思想，他的語氣，他所深惡痛恨的是：女子教育，戀愛，婚姻——「這日常的賣淫」；社會，科學，醫生——這些「罪惡的播種者」等的虛偽。但書中的主人翁驅使作者採用粗獷的表辭，強烈的肉感的描繪——畫出一個淫逸的人的全部狂熱——而且因為反動之故，更表示極端的禁欲與對於情欲的又恨又懼，並如受著肉欲煎熬的中世紀僧侶般詛咒人生。寫完了，托爾斯泰自己也為之驚愕：

「我絕對沒有料到，」他在《克勒策奏鳴曲》的跋文中說，「一種嚴密的論理會把我在寫作這部小說的時候，引我到我現在所到達的地步。我自己的結論最初使我非常驚駭，我願不相信我的結論，但我不能……我不得不接受。」

他在兇犯波斯德尼舍夫口中說出攻擊愛情與婚姻的激烈的言論：

一個人用肉感的眼光注視女人——尤其是他自己的妻子時，他已經對她犯了姦情。

當情欲絕滅的時候，人類將沒有存在的理由，他已完成自然的律令；生靈的團結將

---

20 這部作品的第一種法譯本刊行於一九一二年。

可實現。

他更依據了聖馬太派的福音書論調，說：「基督教的理想不是婚姻，無所謂基督教的婚姻，在基督教的觀點上，婚姻不是一種進步，而是一種墮落，愛情與愛情前前後後所經歷的程式是人類真正的理想的阻礙。」[21]但在波斯德尼切舍口中沒有流露出這些議論之前，這些思想從沒有在托爾斯泰腦中顯得這樣明白確切。好似偉大的創造家一樣，作品推進作家；藝術家走在思想家之前。——可是藝術並未在其中有何損失。在效果的力量上，在熱情的集中上，在視覺的鮮明與獷野上，在形式的豐滿與成熟上，沒有一部托爾斯泰的作品可和《克勒策奏鳴曲》相比。

現在我得解釋它的題目了。——實在說，它是不切的。這令人誤會作品的內容。音樂在此只有一種副作用。取消了奏鳴曲，什麼也不會改變。托爾斯泰把他念念不忘的兩個問題混在一起——他認為音樂與戀愛都具有使人墮落的力量——這是錯誤的。關於音樂的魔力，須由另一部專書討論；托爾斯泰在此所給予它的地位，不是證實他所判斷的危險。在涉及本問題時，我不得不有幾句贅言：因為我不相信有人完全了解托爾斯泰對音樂的態度。

要說他不愛音樂是絕對不可能的。一個人只怕他所愛的事物。我們當能記憶音樂的回憶在《童年時代》中，尤其在《夫婦的幸福》中所占的地位，本書中所描寫的愛情的周圈，自春至秋，完全是在貝多芬的 Quasi una fantasia 奏鳴曲[22]的各個階段中展演的。我們也能記憶涅赫留多夫[23]與小彼佳在臨終的前夜在內心聽到的美妙的交響曲[24]。托爾斯泰所學的音樂或許並不高妙，但音樂確把他感動至於下淚[25]；且在他一生的某幾個時代，他曾縱情於音樂。一八五八年，他在莫斯科組織一個音樂會，即是以後莫斯科音樂院的前身。他的內倩[26]別爾斯在《關於托爾斯泰的回憶》中寫道：

---

21 注意托爾斯泰從未天真地相信獨身與貞潔的理想對於現在的人類是可以實現的。但依他的意思，一種理想在定義上是不能實現的，但它是喚引人類的英雄的力量的一種教訓。

22 譯按：即俗稱月光曲（編按：《月光奏鳴曲》）。

23 在《一個紳士的早晨》的終端。

24 見《戰爭與和平》。——在此我且不說那《阿爾貝》（一八五七）講一個天才音樂家的故事；那短篇且是極弱的作品。

25 參看《青年時代》中述及他學鋼琴的一段。——「鋼琴於我是一種以感傷情調來迷醉小姐們的工具。」

26 編按：即姊夫。

他酷好音樂。他能奏鋼琴，極愛古典派大師。他往往在工作之前彈一會琴[27]。很可能他要在音樂中尋求靈感。他老是為他最小的妹妹伴奏，因為他歡喜她的歌喉。我留意到他被音樂所引動的感覺，臉色微微顯得蒼白，而且有一種難於辨出的怪相，似乎是表現他的恐怖。[28]

這的確是和這震撼他心靈深處的無名的力接觸後的恐怖！在這音樂的世界中，似乎他的意志，理性，一切人生的現實都溶解了。我們只要讀《戰爭與和平》中描寫尼古拉·羅斯托夫賭輸了錢，絕望著回家的那段。他聽見他的妹妹娜塔莎在歌唱。他忘記了一切：

他不耐煩地等待著應該連續下去的一個音，一刹那間世界上只有那段三拍子的節奏：Oh! mio crudele affetto!

——「我們的生活真是多麼無聊，」他想，「災禍、金錢、恨、榮譽，這一切都是空的……瞧，這才是真實的！……娜塔莎，我的小鴿！我們且看她能否唱出B音……她已唱出了，謝上帝！」

他，不知不覺地唱起來了，為增強這B音起見，他唱和著她的三度音程。

——「喔！吾主，這真是多麼美！是我給予她的麼？何等的幸福！」他想；而這三度音程的顫動，把他所有的精純與善性一齊喚醒了。在這超人的感覺旁邊，他賭輸的錢與他允諾的言語又算得什麼！……瘋狂啊！一個人可以殺人、盜竊，而仍不失為幸福。

事實上，尼古拉既不殺人，也不偷盜，音樂於他亦只是暫時的激動；但娜塔莎已經到了完全迷失的頂點。這是在歌劇院某次夜會之後，「在這奇怪的、狂亂的藝術世界中，遠離著現實，一切善與惡，誘惑與理性混合在一起的世界中」，她聽到阿納托里·庫拉金的傾訴而答應他把她帶走的。

托爾斯泰年紀愈大，愈害怕音樂[29]。一八六〇年時在德累斯頓見過他而對他有影響

---

27 一八七六至一八七七年事。

28 他從未中止對於音樂的愛好。他年老時的朋友，一個是音樂家戈登魏澤〔編按：Alexander Goldenweiser, 1875-1961〕，於一九一〇年時在亞斯亞納避暑。在托爾斯泰最後一次病中，他幾乎每天來為他弄音樂。

29 一八六一年四月二十一日書。

的人，奧爾巴赫，一定更加增他對於音樂的防範。「他講起音樂彷彿是一種頹廢的享樂。據他的見解，音樂是傾向於墮落的渦流。」[30]

卡米爾・貝萊格問：在那麼多的令人頹廢的音樂家中，為何要選擇一個最純粹最貞潔的貝多芬[31]？——因為他是最強的緣故。托爾斯泰曾經愛他，他永遠愛他。他的最遼遠的童年回憶是和《悲愴奏鳴曲》有關聯的；在《復活》的終局，當涅赫留多夫聽見奏著《C小調交響曲》的「行板」時，他禁不住流下淚來；「他哀憐自己，」——可是，在《藝術論》中，托爾斯泰論及「聾子貝多芬的病態的作品」時，表現何等激烈的怨恨；一八七六年時，他已經努力要「摧毀貝多芬，使人懷疑他的天才」，使柴可夫斯基大為不平，而他對於托爾斯泰的佩服之心也為之冷卻了。《克勒策奏鳴曲》更使我們徹底看到這種熱狂的不公平。托爾斯泰所責備貝多芬的是什麼呢？他的力強。他如歌德一樣，聽著《C小調交響曲》，受著它的震撼，忿怒地對著這權威的大師表示反動[32]。

托爾斯泰說，

> 這音樂，把我立刻轉移到和寫作這音樂的人同樣的精神境界內……音樂應該是國家的事業，如在中國一樣。我們不能任令無論何人具有這魔術般的可怕的機能。……這些

東西（《克勒策奏鳴曲》中的第一個急板），只能在若干重要的場合中許它奏演……

但在這種反動之後，我們看到他為貝多芬的大力所屈服，而且他亦承認這力量是令人興起高尚與純潔之情！在聽這曲子時，波斯德尼舍夫墮入一種不可確定的無從分析的境地內，這種境地的意識使他快樂；嫉妒匿跡了。女人也同樣地被感化了。她在演奏的時候，「有一種壯嚴的表情」，接著浮現出「微弱的、動人憐愛的、幸福的笑容，當她演奏完了時」……在這一切之中，有何腐敗墮落之處——只有精神被拘囚了，受著聲音的無名的力量的支配。精神簡直可以被它毀滅，如果它願意。

---

30 見卡米爾．貝萊格〔編按：Camille Bellaigue, 1858-1930〕著：《托爾斯泰與音樂》〔編按：*Tolstoï et la musique*〕。（一九一一年正月四日《高盧人》〔編按：*le Gaulois*〕日報）

31 在此不獨是指貝多芬後期的作品。即是他認為是「藝術的」若干早期的作品，托爾斯泰也指摘「它們的造作的形式」。——在一封給柴可夫斯基的信中他亦以莫札特與海頓和「貝多芬、舒曼、柏遼茲〔編按：即白遼士，Hector Louis Berlioz, 1803-1869〕等的計較效果的造作的形式」對比。

32 據保爾．布瓦耶所述：「托爾斯泰請人為他奏蕭邦。在《第四敘事曲》之終，他的眼睛中飽和了淚水。」——「啊！畜生！」他喊道。他突然站起身來，走了。（一九〇二年十一月二日巴黎《時報》所載）

這是真的；但托爾斯泰忘記一點：聽音樂或奏音樂的人，大半都是缺少生命或生命極庸俗的。音樂對於一班沒有感覺的人是不會變得危險的。一班感覺麻木的群眾，決不會受著歌劇院中所表現的《莎樂美》的病態的情感所鼓動。必得要生活富麗的人，如托爾斯泰般，方有為了這種情緒而受苦的可能。——實際是，雖然他對於貝多芬是那麼不公平，托爾斯泰比今日大半崇拜貝多芬的人更深切地感到貝多芬的音樂。至少他是熟識充滿在「老聾子」作品中的這些狂亂的熱情，這種獷野的強暴，為今日的演奏家與樂隊所茫然不解的。貝多芬對於他的恨意比著對於別人的愛戴或許更為滿意呢。

《復活》

《復活》與《克勒策》相隔十年，十年之中，日益專心於道德宣傳[1]。《復活》與這渴慕永恆的生命所期望著的終極也是相隔十年。《復活》可說是托爾斯泰藝術上的一種遺囑，它威臨著他的暮年，仿如《戰爭與和平》威臨著他的成熟時期。這是最後的一

1 《主與僕》（一八九五）是《復活》以前的暗淡的作品，與放射著慈祥的神光的《復活》中間的過渡之作。但我們覺得它更接近《伊萬．伊里奇之死》與《民間故事與童話》。本書大部分是敘述一個沒有善心的主人與一個百事忍耐的僕役中間的故事，手法是非常寫實的：他們兩人在雪夜的西伯利亞草原中迷失了；主人，最初想放棄了他的同伴而逃走，又重新回來，發現他凍僵了，他全身覆著他，溫暖他；這是本能地動作的，他自己亦不知為了什麼，但他眼睛裡充滿者淚水：似乎他變成了他所救的人，尼基塔，他的生命也不在他自身而在尼基塔了——「尼基塔生；因此我還是生存的，我。」——他，瓦西里，他差不多忘掉了他是誰。他想：「瓦西里不知道他應當做什麼⋯⋯而我，我此刻卻知道了！⋯⋯」他聽到他所企待的聲音，那個剛才命令他睡在尼基塔身上的人的聲音。他快樂地喊：「主，我來了！」他感到他是自由了，什麼也羈留不了他了⋯⋯他死了。

峰或者是最高的一峰——如果不是最威嚴的——不可見的峰巔在霧氛中消失了[2]。托爾斯泰正是七十歲。他注視著世界,他的生活,他的過去的錯誤,他的信仰,他的聖潔的忿怒。他從高處注視一切。這是如在以前的作品中同樣的思想,同樣對於虛偽的戰爭,但藝術家的精神,如在《戰爭與和平》中一樣,統制著作品;在《克勒策奏鳴曲》與《伊萬·伊里奇》的騷動的精神與陰沉的譏諷之中,他又混入一種宗教式的靜謐,這是在他內心反映著的世界中超脫出來的,我們可以說有時竟是基督徒式的歌德。

我們在最後一時期內的作品中所注意到的藝術性格,在此重複遇到,尤其是敘事的集中,在一部長篇小說中較之在短篇故事中更為明顯。作品是一致的,在這一點上和《戰爭與和平》與《安娜·卡列尼娜》完全不同。幾乎沒有小故事的穿插。唯一的動作,在全部作品中十分緊湊地進展,而且各種枝節都搜羅淨盡。如在《奏鳴曲》中一樣,同樣淋漓盡致的人物描繪。愈來愈明徹愈堅實並且毫無顧忌的寫實,使他在人性中看到獸性——「人類的可怕的頑強的獸性,而當這獸性沒有發現,掩藏在所謂詩意的外表下面時更加可怕」[3]。這些沙龍中的談話,只是以滿足肉體的需要為目的:「在撥動口腔與舌頭的筋肉時,可以幫助消化。」[4]犀利的視覺,對於任何人都不稍假借,即是美麗的科爾夏金女郎也不能免,「肱骨的前突,大拇指甲的寬闊」,她裸裼袒裎的情態使涅赫留多夫感到「羞恥與厭惡，厭惡與羞恥」，書中的女主人，瑪斯洛娃也不能被視為例外，她的淪落的徵象絲毫不加隱匿，她的早衰，她的猥褻卑下的談吐，她的誘人的微笑，她的酒氣熏人的氣味，她的滿是火焰的紅紅的臉。枝節的描寫有如自然派作家的獷野：女人踞坐在垃圾箱上講話。詩意的想像與青春的氣韻完全消失了，只有初戀的回憶，還能在我們心中引起強烈的顫動，又如那復活節前的星期六晚上，白霧濃厚到「屋外五步之處，只看見一個黑塊，其中隱現著一星燈火」，午夜中的雞鳴，冰凍的河在剝裂作響，好似玻璃杯在破碎，一個青年在玻璃窗中偷窺一個看不見他的少女，坐在桌子旁邊，在黝暗的燈光之下，這是卡秋莎在沉思，微笑，幻夢。

作者的抒情成分占著極少的地位。他的藝術面目變得更獨立，更擺脫他自己的個人生活。托爾斯泰曾努力要革新他的觀察領域。他在此所研究的犯罪與革命的領域，於他一向是不認識的[5]；他只賴著自願的同情透入這些世界中去；他甚至承認在沒有仔細觀

---

2 托爾斯泰預定要寫第四部，實際是沒有寫。

3 據法譯本第三七九頁。

4 本書第一二九頁。

5 相反，他曾混入他在《戰爭與和平》《安娜．卡列尼娜》《高加索人》《塞瓦斯托波爾》中所描繪的各種社會：貴族沙龍，軍隊，街頭生活。他只要回憶一下便是。

察他們之前，革命者是為他所極端厭惡的[6]。尤其令人驚佩的是他的真切的觀察，不啻是一面光明無瑕的鏡子。典型的人物多麼豐富，枝節的描寫多麼確切！卑劣與德性，一切都以不寬不猛的態度，鎮靜的智慧與博愛的憐憫去觀察。……婦女們在牢獄裡，可哀的景象！她們毫無互相矜憐之意；但藝術家是一個溫良的上帝：他在每個女人心中看到隱在卑賤以內的苦痛，在無恥的面具下看到涕泗縱橫的臉。純潔的、慘白的微光，在瑪斯洛娃的下賤的心魂中漸漸地透露出來，終於變成一朵犧牲的火焰鮮明地照耀著它，這微光的動人的美，有如照在倫勃朗微賤的畫面上的幾道陽光。毫無嚴厲的態度，即是對於劊子手們也不。「請寬恕他們，吾主，他們不知道他們所做的事情」，……最糟的是，他們明白自己所做的事，並且為之痛悔，但他們無法禁阻自己不做。書中特別表出一種無可支撐的宿命的情調，這宿命壓迫著受苦的人與使人受苦的人——例如這典獄官，充滿著天然的慈善，對於這獄吏生活，和對於他的羸弱失神的女兒一天到晚在鋼琴上學習李斯特的《匈牙利狂想曲》，同樣的厭惡；——這西伯利亞城的聰明善良的統治官，在所欲行的善與不得不作的惡之間發生了無可解決的爭鬥，於是，三十五年以來，他拚命喝酒，可是即在酒醉的時候，仍不失他的自主力，仍不失他的莊重——更有這些人物對於家庭滿懷著溫情，但他們的職業逼使他們對於別人毫無心肝。

在各種人物的性格中，缺乏客觀真實性的，唯有主人翁涅赫留多夫的，其故由於托爾斯泰把自己的思想完全寄託在他身上。這已經是《戰爭與和平》與《安娜·卡列尼娜》中最著名的人物，如安德列親王、皮埃爾·別祖霍夫、列文等的缺點——或可說是危險。但他們的缺點比較地不嚴重：因為那些人物，在地位與年齡上，與托爾斯泰的精神狀態更為接近。不像在此，作者在主人翁三十五歲的身體中，納入一個格格不入的七十老翁的靈魂。我不說涅赫留多夫的精神錯亂缺少真實性，也並非說這精神病不能發生得如此突兀[7]。但在托爾斯泰所表現的那人物的性情秉賦上，在他過去的生活上，絕無預示或解釋這精神病發生的原因：而當它一朝觸發之後，便什麼也阻擋不住了；無疑的，對於涅赫留多夫的不道德的混合與犧牲思想的交錯，自憐自歎與以後在現實前面感到的驚懼憎厭，托爾斯泰曾深切地加以標明。但他的決心絕不屈服。只是以前那些雖然劇烈究屬一時的精神錯亂，和這一次的實在毫無關聯[8]。什麼也阻不住這優柔寡斷的人

6 本書第二卷第二十頁。

7 托爾斯泰也許想起他的弟弟德米特里，他也是娶了一個瑪斯洛娃般的女人。但德米特里的暴烈而失掉平衡的性格是和涅赫留多夫的氣質不同的。

8 見本書第一卷第一三八頁。

了。這位親王家裡頗富有，自己也受人尊重，對於社會的輿論頗知顧慮，正在娶一位愛他而他亦並不討厭的女子，突然決意放棄一切，財富、朋友、地位，而去娶一個娼妓，為的是要補贖他的舊愆：他的狂亂支持了幾個月之久，無論受到何種磨煉，甚至聽到他所要娶為妻子的人繼續她的放浪生活，也不能使他氣餒[9]。——在此有一種聖潔，為杜斯妥也夫斯基的心理分析能在暗晦的意識深處，能在他的主人翁的機構中，發露出它的來源的。但涅赫留多夫絕無杜斯妥也夫斯基式人物的氣質。他是普通人物的典型，庸碌而健全的，這是托爾斯泰所慣於選擇的人物。實際上，我們明白感到，一個十分現實主義的人[10]和屬於另一個人的精神錯亂並立著；——而這另一個人，即是托爾斯泰老翁。

本書末了，在嚴格寫實的第三部分中更雜有不必要的福音書般的結論：在此又予人以雙重原素對立著的印象——因為這個人信仰的行為顯然不是這主人翁的生活的論理的結果。且托爾斯泰把他的宗教摻入他的寫實主義亦非初次；但在以前的作品中，兩種原素混合得較為完滿。在此，它們同時存在，並不混合；而因為托爾斯泰的信心更離開實證，他的寫實主義卻逐漸鮮明而尖銳，故它們的對照愈顯得強烈。這是年紀的——而非衰弱的——關係，故在連續的關節上缺少婉轉自如。宗教的結論決非作品在結構上自然的結果。我確信在托爾斯泰的心靈深處，雖然他自己那麼肯定，但他的藝術家的真理與他的信仰者的真理決沒有完滿的調和。

然而即使《復活》沒有他早年作品的和諧的豐滿，即使我個人更愛《戰爭與和平》，它仍不失為歌頌人類同情的最美的詩——最真實的詩，也許，我在本書中比在他別的任何作品中更清楚地看到托爾斯泰的清明的目光，淡灰色的，深沉的，「深入人的靈魂的目光」[11]，它在每顆靈魂中都看到神的存在。

9 當涅赫留多夫知道了瑪斯洛娃仍和一個男護士犯奸，他更堅決地要「犧牲他的自由以補贖這個女人的罪惡」。

10 托爾斯泰描繪人物的手法從沒如此有力，如此穩健；可參看涅赫留多夫在第一次出席法院以前的各幕。

11 一八八四年托爾斯泰伯爵夫人信中語。

托爾斯泰的社會思想

托爾斯泰永遠不委棄藝術。一個大藝術家，即是他願欲，也不能捨棄他自己藉以存在的理由。為了宗教的原由，他可以不發表；但他不能不寫作。托爾斯泰從未中輟他的藝術創作。在亞斯納亞．波利亞納地方在最後幾年中見到他的保爾．布瓦耶說他埋首於宣道或筆戰的工作與純屬幻想的事業；他把這幾種工作做為調劑。當他完成了什麼關於社會的論著，什麼《告統治者書》或《告被統治者書》時，他便再來寫一部他想像了好久的美麗的故事——如他的《哈吉．穆拉特》那部軍隊的史詩，歌詠高加索戰爭與山民的抵抗的作品，便是在這種情形下產生的[1]。藝術不失為他的樂趣，他的寬弛。但他以為把藝術作為點綴未免是虛榮了[2]。他曾編了一部《每日必讀文選》（一九〇四至一九〇五）[3]，其中收集了許多作家對於人生與真理的思想——可說是一部真正的關於世界觀的文選，從東方的聖書起到現代的藝術家無不包羅淨盡——但除了這本書以外，他在一九〇〇年起所寫的作品幾乎全部是沒有印行的手寫稿[4]。

反之，他大膽地、熱情地發表他關於社會論戰的含有攻擊性的與神祕的文字。在一九〇〇年至一九一〇年間，他的最堅強的精力都消耗在社會問題的論戰中，俄羅斯經歷著空前的恐慌，帝國的基礎顯得動搖了，到了快要分崩離析的地步。日俄戰爭，戰敗以後的損失，革命的騷亂。海陸軍隊的叛變，屠殺，農村的暴動，似乎是「世紀末」的徵兆——好似托爾斯泰的一部著作的題目所示的那般。——這大恐慌，在一九〇四與一九

---

1 見一九〇二年十一月二日巴黎《時報》。

2 一九〇三年正月二十六日，他致書姑母，亞歷山卓．托爾斯泰婭女伯爵，有言：「請不要責備我在行將就木之年還在做那無聊的事情！這些無聊的事情填塞我空閒的時間，而且使我裝滿了嚴肅的思想的頭腦可以獲得休息。」

3 這部文選，托爾斯泰視為他的主要作品之一：「《每日必讀文選》，是我作品中很經意的東西，我非常重視它……」（一九〇九年八月九日致揚．斯季卡〔編按：Jan Styka〕書）

4 這些作品到托爾斯泰死後才陸續印行。那張目錄是很長的，我們可舉其中重要的幾部如《庫茲米奇老人的遺著——日記》、《謝爾蓋老人》、《哈吉．穆拉特》、《魔鬼》、《活屍》（十二場劇）、《偽票》、《一個瘋人的日記》、《黑暗中的光明》（五幕劇）、《一切品性的來源》（通俗小劇），若干美麗的短篇：《舞會之後》《夢中所見》《霍登卡》，等等。參看本書末托爾斯泰遺著書目。但主要作品還是托爾斯泰的《日記》。它包羅他一生中四十年的時間，從高加索參戰時起直到他逝世時止；它是一個偉人所能寫的最赤裸裸的懺悔錄。

〇五年間達到了頂點。那時期，托爾斯泰印行了一組引起迴響的作品《戰爭與革命》[5]《大罪惡》《世界之末日》[6]。在這最後的十年間，他占據著唯一的地位，不獨在俄羅斯，而且在全世界，唯有他，不加入任何黨派，不染任何國家色彩，脫離了把他開除教籍的教會[7]。他的理智的邏輯，他的信仰的堅決，逼得他「在離開別人或離開真理的二途中擇一而行」。他想起俄國的一句諺語：「一個老人說謊，無異一個富人竊盜」；於是他和別人分離了，為的要說出真理。真理，他完全說給大家聽了。這撲滅謊言的老人繼續勇敢地抨擊一切宗教的與社會的迷信，一切偶像。他不獨對於古代的虐政、教會的橫暴與皇室權貴為然；在這大家向他們擲石的時候，他對於他們的憤怒也許反而稍稍平靜了。人家已經認識他們，他們便不會如何可怕！而且，他們做他的職務並不欺騙人。托爾斯泰致俄皇尼古拉二世書[8]，在毫無對於帝皇應有的恭順之中，卻充滿著對於人的溫情，他稱俄皇為「親愛的兄弟」，他請他「原諒他，如果他在無意中使他不快」；他的署名是：「祝你有真正的幸福的你的兄弟」。

但托爾斯泰所最不能原諒的，所最刻毒地抨擊的，是新的謊言，因為舊的謊言已經暴露了真面目。他痛恨的並非是奴隸主義，而是自由的幻象。但在新偶像的崇拜者中間，我們不知托爾斯泰更恨哪一種人：社會主義者或「自由黨人」。

他對於自由黨人的反感已經是年深月久的事。當他在塞瓦斯托波爾一役中當軍官，和處在聖彼得堡的文人團體中的時候，他已具有這反感。這曾經是他和屠格涅夫不和的主要原因之一。這驕傲的貴族，世家出身的人物，不能忍受這些知識份子和他們的幻夢，說是不論出於自願與否，依了他們的理想，可使國家獲得真正的幸福。俄羅斯人的本色很濃，且是淵源舊族[9]，他對於自由黨的新理論，這些從西方傳來的立憲思想，素來抱著輕蔑的態度，而他的兩次歐洲旅行也只加強了他的信念。在第一次旅行回來時，他寫道：

---

5 本書的俄文名是《唯一的必需品》。

6 大部分在他生前被檢查委員會刪節不少，或竟完全禁止發行。直到大革命為止，在俄國流行的他的作品是以手抄本的形式藏在讀者的大衣袋裡的。即在今日，當一切都印行了的時候，共產黨的檢查並不較帝國時代的檢查為寬大。

7 他的被除教籍，是一九〇一年二月二十二日的事。起因是《復活》中有一章講起彌撒祭的事情。這一章，在法譯本中可惜被譯者刪掉了。

8 關於土地國有問題，參看《大罪惡》（一九〇五年印行）。

9 勒魯瓦·博利厄〔編按：M. A. Leroy-Beaulieu〕說他是「純粹的莫斯科土著，斯拉夫血統的偉大的俄國人，芬蘭的混血種，在體格上，他是更近於平民而較遠於貴族」。（見一九一〇年十二月十五日法國《兩球雜誌》〔編按：*Revue des Deux Mondes*〕）

要避免自由主義的野心。[10]

第二次旅行回來，他認為「特權社會」絕無權利可用它的方式去教育它所不認識的民眾。……[11]

在《安娜・卡列尼娜》中，他對於自由黨人的蔑視，表現得淋漓盡致。列文拒絕加入內地的民眾教育與舉辦新政的事業。外省紳士的選舉大會表出種種欺罔的組織，使一個地方從舊的保守的行政中脫換到新的自由的行政。什麼也沒有變，只是多了一樁謊騙，這謊騙既不能加以原諒也不值得為之而耗費幾個世紀。

「我們也許真是沒有什麼價值，」舊制度的代表者說，「但我們的存在已不下千餘年了。」

而自由黨人濫用「民眾，民眾的意志……」這些詞句，益增托爾斯泰的憤懣。唉！他們知道些關於民眾的什麼事情？民眾是什麼？

尤其在自由主義獲得相當的成功，將促成第一次國會的召集的時候，托爾斯泰對於立憲思想表示劇烈的反對。

晚近以來，基督教義的變形促成了一種新的欺詐的誕生，它使我們的民眾更陷於奴僕的狀態。用了一種繁複的議會選舉制度，使我們的民眾想像在直接選出他們的代表時，他們已參與了政權，而在服從他們的代表時，他們無異服從自己的意志，他們是自由的。這是一種欺罔。民眾不能表白他們的意志，即是以普選的方法也是不可能：第一，因為在一個有數百萬人口的國家中，集團意志是不存在的；第二，即是有這種意志的存在，大多數的選舉票也不會是這種意志的表白。不必說被選舉人的立法與行政不是為了公眾的福利而是為了維護自己的政權，也不必說民眾的墮落往往是由於選舉的壓迫與違法——這謊言尤其可以致人死命，因為服從這種制度的人會墮入一種沾沾自滿的奴隸狀態……這些自由人不啻那些囚犯，因為可以選舉執掌獄中警政的獄吏而自以為享受了自由……專制國家的人民可以完全自由，即是在暴政苛斂之時。但立憲國家的人民永遠是奴隸，因為他承認對他施行的強暴是合法的……瞧，人們竟欲驅使俄國人民和其他

10 一八五七年。

11 一八六二年。

的歐洲民眾同樣入於奴隸狀態！[12]

在對於自由主義的離棄中，輕蔑統制著一切。對於社會主義，如果托爾斯泰不是禁止自己去憎恨一切，那他定會加以痛恨。他加倍地蔑視社會主義，因為它集兩種謊言於一身：自由與科學。它的根據不是某種經濟學，而它的絕對的定律握著世界進步的機捩的嗎？

托爾斯泰對於科學是非常嚴厲的。對這現代的迷信，「這些無用的問題：種族起源論，七色研究，鐳錠原質的探討，數目的理論，化石動物，與其他一切無益的論辯，為今日的人們和中世紀人對於聖母懷胎與物體雙重性同樣重視的」，托爾斯泰寫著連篇累牘的文字，充滿著尖利的諷刺。——他嘲弄「這些科學的奴僕，和教會的奴僕一般，自信並令人信他們是人類的教主，相信他們的顛撲不破性，但他們中間永遠不能一致，分成許多小派，和教會一樣，這些派別變成鄙俗不知道德的主因，且更使痛苦的人類不能早日解除痛苦，因為他們摒棄了唯一能團結人類的成分：宗教意識」[13]。

當他看到這新的熱狂的危險的武器落在一般自命為促使人類再生的人手中時，他不安更甚，而憤怒之情亦更加劇了。他採用強暴手段時，他無異是一個革命的藝術家。然而革命的知識份子與理論家是他痛恨的：這是害人的迂儒，驕傲而枯索的靈魂，不愛人類而只愛自己的思想的人[14]。

---

12 見《世界之末日》。（一九〇五年）托爾斯泰在致美國某日報的電報中有言：「各個省議會的活動，其目的在於限制專制政府的威權，建立一個代議政府。不論他們成功與否，它必然的結果，將使社會真正的改進益為遲緩。政治的騷動，令人感到以外表的方法所做的改進工作是可怕的，把真正的進步反而停止了，這是我們可以根據一切立憲國家而斷定的，如法國、英國、美國。」在答覆一位請他加入平民教育推進委員會的婦人的信中，托爾斯泰對於自由黨人尚有其他的指摘：他們永遠做著欺詐的勾當；他們因了害怕而為獨裁政制的共謀犯，他們的參政使政府獲得道德上的權威，使他們習於妥協，被政府做為工具。亞歷山大二世曾言一切自由黨人是為了名譽而賣身，如果不是為了金錢。亞歷山大三世曾經毫無危險地銷毀他的父親的自由主義的事業；自由主義者互相耳語說這使他們不快，但他們仍舊參與司法，為國家服務，為輿論效力；在輿論方面，他們對於一切可以隱喻的事物作種種隱喻；但對於禁止談論的事情便謹守緘默，他們在報紙上發表人們命令他們發表的文字。在尼古拉二世治下，他們亦是如此。「當這青年的君主一無所知，什麼也不懂，無恥而冒昧地回答人民代表時，自由主義者會不會抗議？絕對不……從種種方面，人們向這年輕的帝皇表示卑鄙無恥的諂媚與恭維。」

13 見《戰爭與革命》。

14 這類人物的典型，在《復活》中有諾沃德沃羅夫，那個革命煽動者，極度的虛榮與自私窒塞了他的智慧。絕無想像，毫無懷疑。在他後面，跟隨著一個由工人轉變成的革命家瑪律克爾，他的要革命是為了受人壓迫，心存報復，他崇拜科學，但他根本不知何謂科學，他盲目地反對教會。在《又是三個死者》或《神與人》中，還有若干新革命青年的典型。

思想，且還是卑下的思想。

> 社會主義的目的是要滿足人類最低級的需求：他的物質的舒適。而即是這目的，還不能以它所擬的方法達到。[15]

實際上，它是沒有愛的。它只痛恨壓迫者，並「豔羨富人們的安定而甜蜜的生活，它們有如簇擁在穢物周圍的蒼蠅」[16]。當社會主義獲得勝利時，世界的面目將變得異樣的可怕。歐羅巴的遊民將以加倍的力量猛撲在弱小民眾身上，他們將他們變成奴隸，使歐羅巴以前的無產者能夠舒適地、悠閒地享樂，如羅馬帝國時代的人一樣[17]。

幸而，社會主義的最精華的力量，在煙霧中在演說中耗費了——如饒勒斯那般：

> 多麼可驚的雄辯家！在他的演辭中什麼都有——而什麼也沒有……社會主義有些像俄國的正教：你儘管追究它，你以為抓住它了，而它突然轉過來和你說：「然而不！我並非是如你所信的，我是別一樣東西。」它把你玩於手掌之間……耐心啊！讓時間來磨煉吧。社會主義的理論將如婦人的時裝一般，會很快地從客廳裡撤到下室中去的。[18]

然而托爾斯泰這樣地向自由黨人與社會主義者宣戰，究非為獨裁政治張目；相反，這是為在隊伍中消除了一切搗亂的與危險的分子之後，他的戰鬥方能在新舊兩世界間竭盡偉大的氣勢。因為他亦是相信革命的。但他的革命較之一般革命家的另有一種理解：這是如中世紀神祕的信徒一般的，企待聖靈來統治未來：

我相信在這確定的時候，大革命開始了，它在基督教的世界內已經醞釀了二千年——這革命將代替已經殘破的基督教義和從真正的基督教義衍出的統治制度，這革命將是人類的平等與真正的自由的基礎——平等與自由原是一切賦有理智的生靈所希冀的。[19]

這預言家選擇哪一個時間來宣告幸福與愛的新時代呢？是俄羅斯最陰沉的時間，破滅與恥辱時間。啊！具有創造力的信心的美妙的機能啊！在它周圍，一切都是光明——

15 一九〇四年終，致日本人阿部畏三書。參看《亞洲對托爾斯泰的迴響》。
16 見捷涅羅莫著：《托爾斯泰名言錄》（社會主義章）。
17 見捷涅羅莫著：《托爾斯泰名言錄》（社會主義章）。
18 托爾斯泰與保爾．布瓦耶談話。（見一九〇二年十二月四日巴黎《時報》）
19 見《世界之末日》。

甚至黑夜也是。托爾斯泰在死滅中窺見再生的先機——在滿洲戰禍中，在俄國軍隊的瓦解中，在可怕的無政府狀態與流血的階級鬥爭中。他的美夢的邏輯使他在日本的勝利中獲得這奇特的結論，說是俄羅斯應當棄絕一切戰爭：因為非基督徒的民眾，在戰爭中往往較「曾經經歷奴僕階級的」基督徒民眾占優。——這是不是教他的民族退讓？——不，這是至高的驕傲。俄羅斯應當放棄一切戰爭，因為他應當完成「大革命」。

瞧，這亞斯納亞·波利亞納的宣道者，反對暴力的老人，於不知不覺中預言著共產主義革命了！[20]

一九〇五年的革命，將把人類從強暴的壓迫中解放出來的革命，應當在俄國開始。——它開始了。

為什麼俄羅斯要扮演這特選民族的角色？——因為新的革命首先要補救「大罪惡」，少數富人的獨占土地，數百萬人民的奴隸生活，最殘忍的奴隸生活[21]。且因為沒有一個民族對於這種徧枉的情況有俄羅斯民族所感的那般親切明白[22]。

但尤其是因為俄羅斯民族是一切民族中最感染真正的基督教義的民族，而那時爆發的革命應當以基督的名義，實現團結與博愛的律令。但這愛的律令決不能完成，如果它不是依據了無抵抗那條律令[23]。而無抵抗一向是俄羅斯民族的主要性格。

20 一八六五年始，托爾斯泰已有關於社會大混亂的預告的言語：「產業便是竊盜，這真理，只要世界上有人類存在，將比英國憲法更為真確……俄國在歷史上的使命是要使世界具有土地社會公有的概念。俄國的革命只能以此原則為根據。它將不是反對帝王反對專制政治，而是反對土地私有。」

21 「最殘忍的奴隸制度是令人沒有土地。因為一個主人的奴隸是做一個人的奴隸；但沒有土地權的人卻是眾人的奴隸。」（見《世界之末日》第七章）

22 那時代，俄羅斯的確處於一種特殊的環境中，即令托爾斯泰把俄國的特殊情形認為是歐洲全部的情形是一種錯誤的行為，我們可不能驚異他對於就近所見的痛苦具有特別的敏感——在《大罪惡》中，有一段他和鄉人的談話，描寫那些人缺乏麵包，因為他們沒有土地，而他們心中都在期望能重新獲得土地。俄羅斯的農民在全部人口中占有百分之八十的比例。托爾斯泰說在大地主制度之下，致千萬的人都鬧著饑荒。當人們和他談起補救這些慘狀問題，言論自由問題，政教分離問題，甚至八小時工作制等等時，他便嘲笑他們：「一切裝做在到處探尋拯救大眾疾苦的方法的人們令人想起舞臺的情況，當全部觀眾看見一個演員隱藏著的時候，配角的演員也同樣清楚地看到的同伴，卻裝做完全不看見，而努力想轉移大家的注意。」除了把土地還給耕種的人以外更無別的挽救方法。為解決這土地問題起見，托爾斯泰贊成亨利．喬治（編按：Henry George, 1839-1897）的主張，實行徵收地價稅，而廢除一切雜稅。這是托氏的經濟的聖經，他永遠提及它，甚至在他的作品中，有時採用喬治整句的文字。

23 「無抵抗主義是最重要的原則。徒有互助而不知無抵抗是永遠沒有結果的。」（見《世界之末日》）

俄羅斯民族對於當局，老是和歐洲別的國家抱著不同的態度。他從來不和當局爭鬥；也從來不參與政柄，因此他亦不能為政治玷污。他認為參政是應當避免的一樁罪惡。一個古代的傳說，相傳俄國人祈求瓦蘭人來統治他們。大多數的俄國人素來寧願忍受強暴的行為而不加報復。他們永遠是屈服的……

自願的屈服與奴顏婢膝的服從是絕然不同的[24]。

真正的基督徒能夠屈服，而且他只能無抵抗地屈服於強暴，但他不能夠服從，即不能承認強暴的合法。[25]

當托爾斯泰寫這幾行的時候，他正因為目睹著一個民族的無抵抗主義的最悲壯的榜樣而激動著——這是一九〇五年一月二十二日聖彼得堡的流血的示威運動，一群手無寸鐵的民眾，由教士加蓬[26]領導著，任人槍決，沒有一聲仇恨的呼喊，沒有一個自衛的姿勢。

長久以來，俄國的老信徒，為人們稱做「皈依者」的，不顧一切壓迫，頑強地對於國家堅持著他們的和平抵抗，並不承認政府威權為合法[27]。在日俄戰爭這場禍變以後，這種思想更迅速地傳佈到鄉間的民眾中去。拒絕軍役的事情一天一天地增多；他們愈是受到殘忍的壓迫，反抗的心情愈是增強。——此外，各行省，各民族，並不認識托爾斯泰的，也對於國家實行絕對的和平抵抗：一八九八年開始的高加索的杜霍博爾人[28]，一九〇五年左右的古里的格魯吉亞人[29]，托爾斯泰對於這些運動的影響遠沒有這些運動對

---

24 在一九〇〇年他致友人書中，他怨人家誤會他的無抵抗主義。他說：人家把「勿以怨報怨」和「勿抵抗加在你身上的惡」相混。後者的意思是對於身受的惡處以無關心的態度……「實在是：抵抗罪惡是基督教義的唯一的目的，而不抵抗罪惡是對於罪惡最有力量的鬥爭。」關於這一點，人們很可以把它和甘地的主義相比——這亦是為了愛為了犧牲而抵抗！這亦是心魂的勇武剛毅，和淡漠的無關心是完全相反的。只是甘地更增強了英雄的力量罷了。

25 見《世界之末日》。

26 編按：Gueorgui Gapone（1870-1906），俄羅斯帝國東正教神父和無政府主義者，一九〇五年「血腥星期日」率領勞工前往聖彼得堡。

27 托爾斯泰曾描繪了兩個「盲從者」的典型：一個在《復活》的終端，另一個在《又是三個死者》中間。

28 編按：杜霍博爾人（Doukhobors）。

29 編按：格魯吉亞人（Géorgiens）；古里（Gourie）。

於他的影響重大；而他的作品的意義，正和革命黨的作家（如高爾基[30]）所說的相反，確是俄羅斯舊民族的呼聲[31]。

他對於冒著生命的危險去實行他所宣傳的主張的那般人，抱著很謙虛很嚴肅的態度[32]。對於杜霍博爾人、格魯吉亞人，與對於逃避軍役的人一樣，他全沒有教訓的神氣。

凡不能忍受任何試煉的人什麼也不能教導忍受試煉的人。[33]

他向「一切為他的言論與文字所能導向痛苦的人」請求寬恕[34]。他從來不鼓勵一個人拒絕軍役。這是由各人自己決定的。如果他和一個正在猶豫的人有何交涉時，「他老是勸他接受軍役，不要反抗，只要在道德上於他不是不可能的話」。因為，如果一個人猶豫，這是因為他還未成熟；「多一個軍人究竟比多一個偽善者或變節者要好一些，這偽善與變節是做力不勝任的事的人們所容易陷入的境界」[35]。他懷疑那逃避軍役的貢恰連科的決心。他怕這青年受了自尊心與虛榮心的驅使，而不是「為了愛慕上帝之故」[36]。對於杜霍博爾人他寫信給他們，教他們不要為了驕傲為了人類的自尊心而堅持他們的抵抗，但是要「如果可能的話，把他們的孱弱的妻兒從痛苦中拯救出來。沒有人會因此而責備他們」。他們只「應當在基督的精神降臨在他們心中的時候堅持，因為這樣，他們

30 編按：Maxim Gorky（1868-1936），社會主義、現實主義文學奠基人，政治活動家。

31 在托爾斯泰指摘各省議會的騷動以後，高爾基表示大不滿意，寫道：「這個人變成他的思想的奴隸了。長久以來，他已離開了俄羅斯的實生活而不聽見民眾的呼聲了。他所處的地位已超臨俄羅斯太遠。」

32 對於他，不受到官廳的虐待是一種劇烈的痛苦。他渴望殉道，但政府很乖，不肯使他滿足。「在我周圍，人們淩虐我的朋友，卻不及於我，雖然我是唯一可算作有害的人。顯然是因為我還不值得加以淩虐，我真為此覺得羞恥。」（一八九二年五月十六致捷涅羅莫書）「我處在自由的境地中真是難堪。」（一八九四年六月一日致捷涅羅莫書）為何他做了那些事情還是那麼太平無事？只有上帝知道！他侮辱皇帝，他攻擊國家，斥為「這可惡的偶像，人們為了它犧牲了生命，自由和理智」。（見《世界之末日》；參看《戰爭與革命》中他節述的俄國史）這是魔鬼展覽會：「瘋狂的魔王伊萬，酒鬼彼得一世，愚昧的廚役葉卡捷琳娜一世，淫亂的伊莉莎白，墮落的保爾，弒親的亞歷山大一世」（可是他是唯一博得托爾斯泰的幽密的好感的君主），「殘忍而愚昧的尼古拉一世，不聰明的亞歷山大二世，惡的亞歷山大三世，傻子、獷野而昏昧的尼古拉二世……」

33 一九〇五年一月十九日致逃兵貢恰連科書。

34 一八九七年致杜霍博爾人書。

35 一九〇〇年致友人書。

36 一九〇五年二月十二日致貢恰連科書。

才會因了痛苦而感到幸福」[37]。在普通情形中，他總請求一切受著虐待的人，「無論如何不要斷絕了他們和虐待他們的人中間的感情」[38]。即是對於最殘忍的古代的希律王，也要愛他，好似他在致一個友人書中所寫的那般：

你說：「人們不能愛希律王。」——我不懂，但我感到，你也感到，我們應當愛希律王。我知道你也知道，如果我不愛他，我會受苦，我將沒有生命。[39]

神明的純潔，愛的熱烈，終於連福音書上的「愛你的鄰人如你自己一般」那句名言也不能使他滿足了，因為這還是自私的變相！[40]

有些人認為這愛情是太廣泛了，把人類自私的情緒擺脫得那麼乾淨之後，愛不將變成空洞麼？——可是，還有誰比托爾斯泰更厭惡「抽象的愛」？

今日最大的罪過，是人類的抽象的愛，對於一個離得很遠的人的愛……愛我們所不認識的所永遠遇不到的人，是多麼容易的事！我們用不到犧牲什麼。而同時我們已很自滿！良心已經受到挪揄。——不。應當要愛你的近鄰——愛和你一起生活而障礙你的人。[41]

大部分研究托爾斯泰的著作都說他的哲學與他的信仰並非是獨創的：這是對的，這些思想的美是太永久了，決不能顯得如一時代流行的風氣那般……也有人說他的哲學與信仰是烏托邦式的。這亦不錯：它們是烏托邦式的，如福音書一般。一個預言家是一個理想者；他的永恆的生活，在塵世即已開始。既然他在我們前面出現了，既然我們看到這預言家中的最後一個，在藝術家中唯一的額上戴有金光的人——我覺得這個事實比世界上多一個宗教多一派哲學更為特殊更為重要。要是有人看不見這偉大的心魂的奇蹟，看不見這瘡痍滿目的世界中的無邊的博愛，真可說是盲人了！

---

37 一八九七年致杜霍博爾人書。

38 一九〇五年一月十九日致貢恰連科書。

39 一九〇五年十一月致友人書。托爾斯泰的關於國家問題的最重要的著作是：《基督教精神與愛國主義》（一八九四年）；《愛國主義與政府》（一九〇〇年）；《軍人雜記冊》（一九〇二年）；《日俄戰爭》（一九〇四年）；《向逃避軍役的人們致敬》（一九〇九年）。

40 他以為原文有誤，「十誡」中的第二條應當是「愛你的同胞如他一樣」，即如上帝一樣。（見和捷涅羅莫談話）

41 出處同前。

「他的面目確定了」

他的面貌有了確定了的特點，由於這特點，他的面貌永遠銘刻於人類記憶中：寬廣的額上劃著雙重的皺痕，濃厚的雪白的眉毛，美麗的長鬚，令人想起第戎[1]城中的摩西像。蒼老的臉容變得溫和了；它留著疾病、憂苦，與無邊的慈愛的痕跡。從他二十歲時的粗暴獷野，塞瓦斯托波爾從軍時的呆板嚴肅起，他有了多少的變化！但清明的眼神仍保有它銳利逼人的光芒，表示無限的坦白，自己什麼也不掩藏，什麼也不能對他有何隱蔽。

在他逝世前九年，在致神聖宗教會議的答覆（一九〇一年四月十七日）中，托爾斯泰說過：

> 我的信心使我生活在和平與歡樂之中，使我能在和平與歡樂之中走向生命的終局。

述到他這兩句時，我不禁想起古代的諺語：「我們在一個人未死之前決不能稱他為幸福的人。」

那時候，他所引以自豪的和平與歡樂，對他是否能永遠忠實？

一九〇五年「大革命」的希望消散了。在已經撥開雲霧的黑暗中，期待著的光明沒有來到。革命的興奮過去之後，接著是精力的耗竭。從前種種苛政暴行絲毫沒有改變，只有人民陷於更悲慘的水深火熱中。一九〇六年時，托爾斯泰對於俄國斯拉夫民族所負的歷史的使命已經起了懷疑；他的堅強的信心遠遠地在搜尋別的足以負起這使命的民族。他想起「偉大的睿智的中國人」。他相信「西方的民族所無可挽救地喪失的自由，將由東方民族去重行覓得」。他相信，中國領導著亞洲，將從「道」的修養上完成人類的轉變大業[2]。

但這是消失得很快的希望：老子與孔子的中國如日本一樣，否定了它過去的智慧，為的要模仿歐洲[3]。被淩虐的杜霍博爾人移民到加拿大去了；在那裡，他們立刻占有了

1 編按：Dijon，法國東部城市。
2 一九〇六年十月致一個中國人書。
3 在他一九〇六年的信中，托爾斯泰已經表示這種恐懼。

土地，使托爾斯泰大為不滿[4]。格魯吉亞人，剛才脫離了國家的羈絆，便開始襲擊和他們意見不同的人；而俄國的軍隊，被召喚著去把一切都鎮壓平了。即是那些猶太人——「他們的國家即是聖經，是人的理想中最美的國家，」——亦不能不沾染著這虛偽的國家主義，「為現代歐羅巴主義的皮毛之皮毛，為它的畸形的產物」。

托爾斯泰很悲哀，可不失望。他信奉上帝，他相信未來[5]：

這將是完滿之至了，如果人們能夠在一霎間設法長成一個森林。不幸，這是不可能的，應當要等待種子發芽，長成，生出綠葉，最後才由樹幹長成一棵樹。[6]

但要長成一個森林必須要許多樹；而托爾斯泰只有一個人。光榮的，但是孤獨的。全世界到處都有人寫信給他：回教國，中國，日本，人們翻譯他的《復活》，到處流傳著他關於「授田於民」的主義[7]。美國的記者來訪問他；法國人來徵詢他對於藝術或對於政教分離的意見[8]。但他的信徒不到三百，他自己亦知道。且他也不籌思去獲得信徒。他拒絕朋友們組織「托爾斯泰派」的企圖。

不應該互相迎合，而應當全體去皈依上帝……你說：團結了，將更易為力……——什麼？——為工作，刈割，是的。但是接近上帝，人們卻只有孤獨才能達到……我眼中的世界，彷如一座巨大的廟堂，光明從高處射到正中。為互相聯合起見，大家都應當走向光明。

那裡，我們全體，從各方面來，我們和並未期待的許多人相遇：歡樂便在於此。[9]

在穹窿中射下的光明之下，他們究竟有多少人聚集在一處呢？——沒有關係，只要和上帝在一起有一個也夠了。

---

4 「既然要容忍私有產業制度，那麼，以前的拒絕軍役與警役是無謂的舉動了，因為私有產業制全賴軍警制予以維持的，盡了軍役警役而沾著私有產業制之惠的人，比較拒絕軍役警役而享受私有產業制的人還較勝一籌。」（一八九九年致旅居加拿大的杜霍博爾人書）

5 以後的事實證明他是不差的，上帝對於他的恩惠完全報答了。在他逝世前數月，在非洲的極端，甘地的救世的聲音傳到了。（參看本書〈亞洲對托爾斯泰的迴響〉）

6 一九〇五年，《告政治家書》。

7 在《大罪惡》的篇末，我們可以找到《告被統治者書》。

8 一九〇六年十一月七日致保爾．薩巴捷爾〔編按：Paul Sabatier, 1854-1941，法國化學家〕書。

9 一八九二年六月與一九〇一年十一月致一個朋友書。

唯有在燃燒的物質方能燃著別的物質，同樣，唯有一個人的真正的信仰與真正的生活方能感染他人而宣揚真理。[10]

這也許是的；但這孤獨的信仰究竟能為托爾斯泰的幸福保證到如何程度？——在他最後幾年中，他真和歌德苦心孤詣所達到的清明寧靜，相差得多少遠？可說他是逃避清明寧靜，他對於它滿懷反感。

能夠對自己不滿是應當感謝上帝的。希望永遠能如此！生命和它的理想的不調和正是生的標識，是從小到偉大，從惡到善的向上的動作。而這不調和是成為善的必要條件。當一個人平安而自滿的時候，便是一種惡了。[11]

而他幻想著這小說的題材，這小說證明列文或皮埃爾．別祖霍夫的煩悶在心中還未熄滅：

我時常想像著一個在革命團體中教養長大的人，最初是革命黨，繼而平民主義者，社會主義者，正教徒，阿多山[12]上的僧侶，以後又成為無神論者，家庭中的好父親，終於變成高加索的杜霍博爾人。他什麼都嘗試，樣樣都放棄，人們嘲笑他，他什麼也沒有做，在一座收留所中沒沒無聞地死了。在死的時候，他想他糟蹋了他的人生。可是，這是一個聖者啊。[13]

那麼，他，信心那麼豐滿的他，心中還有懷疑麼？——誰知道？對於一個到老身體與精神依然壯健的人，生命是決不能停留在某一點思想上的。生命還須前進。

動，便是生。[14]

---

10 《戰爭與革命》。

11 致一個友人書。

12 編按：即阿索斯山（Athos），位於希臘。

13 也許這裡是在涉及《一個杜霍博爾人的故事》。

14 「想像一切人類完全懂得真理而集合在一起住在島上。這是不是生活？」（一九〇一年三月致一個友人書）

在他生命的最後幾年中，他多少事情都改變了。他對於革命黨人的意見轉變了沒有呢？誰又能說他對於無抵抗主義的信心絲毫沒有動搖？——在《復活》中，涅赫留多夫和政治犯們的交往證明他對於俄國革命黨的意見已經變易了。

至此為止，他所一向反對他們的，是他們的殘忍，罪惡的隱蔽，行兇、自滿、虛榮。但當他更迫近地看他們時，當他看到當局如何對待他們時，他懂得他們是不得不如此的。

他佩服他們對於義務具有高卓的觀念，整個的犧牲都包括在這觀念中了。

但自一九〇〇年起，革命的潮流開始傳佈擴大了，從知識份子出發，它侵入民眾階級，它暗中震撼著整千整萬的不幸者。他們軍隊中的前鋒，在亞斯納亞．波利亞納托爾斯泰住所窗下列隊而過。《法蘭西水星》雜誌所發表的三短篇[15]，為托爾斯泰暮年最後的作品的一部分，令人窺見這種情景在他精神上引起多少痛苦多少悽惶。在圖拉[16]田野，走過一隊隊質樸虔敬的巡禮者的時間，如今在哪裡。此刻是無數的饑荒者在彷徨流浪。他們每天都有得來。托爾斯泰和他們談過話，發現他們胸中的憤恨為之駭然；他們不復如從前般把富人當為「以施捨做為修煉靈魂的人，而是視為強盜，喝著勞動民眾的鮮血的暴徒」。其中不少是受過教育的，破產了，鋌而走險地出此一途。

將來在現代文明上做下如匈奴與汪達爾族在古代文明上所做的事的野蠻人，並非在沙漠與森林中而是在都會近旁的村落中與大路上養成的了。

亨利・喬治曾經這樣說過。托爾斯泰更加以補充，說：

汪達爾人在俄羅斯已經準備好了，在那麼富於宗教情緒的我們的民族中，他們將格外顯得可怕，因為我們不知道限度，如在歐洲已經大為發達的輿論與法度等等。

托爾斯泰時常收到這些反叛者的書信，抗議他的無抵抗主義，說對於一切政府與富

15 一九一〇年十二月一日。編按：《法蘭西水星》（*Mercure de France*）。

16 編按：Toula。位於莫斯科以南一百六十五公里的工業市鎮。

人向民眾所施的暴行只能報以「復仇！復仇！復仇！」之聲。——托爾斯泰還指摘他們不是嗎？我們不知道。但當他在幾天之後，看見在他的村莊中，在對著無情的役吏哀哀啼哭的窮人家中，牛羊釜鍋被抓去的時候，他亦不禁對著那些冷酷的官吏喊起復仇的口號來了，那些劊子手，「那些官僚與助手，只知道販酒取利，教人屠殺，判罰流刑，下獄，苦役，或絞死——這些傢伙，一致認為在窮人家抓去的牛羊布匹，更宜於用來蒸餾毒害民眾的酒精，製造殺人的軍火，建造監獄，而尤其是和他們的助手們分贓花用」。

這真是悲苦的事：當一個人整整的一生都在期待愛的世界來臨，而在這些可怕的景象之前又不得不閉著眼睛，滿懷只是惶惑。——這將更為慘痛，當一個人具有托爾斯泰般真切的意識，而要承認自己的生活還不曾和他的主張一致。

在此，我們觸及他最後幾年——當說他的最後三十年吧？——的最苦痛的一點，而這一點，我們只應當以虔誠的手輕輕地加以撫摩：因為這痛苦，托爾斯泰曾努力想保守祕密，而且這痛苦不只屬於死者，而亦屬於其他的生者，他所愛的，愛他的人們了。

他始終不能把他的信心感染給他最親愛的人，他的夫人，他的兒女。我們已見到這忠實的伴侶，勇敢地分擔他的生活與他的藝術工作，對於他的放棄藝術信仰而去換一個為她不了解的道德信仰，感有深切的苦痛。托爾斯泰看到自己不被他最好的女友懂得，痛苦亦不下於她。

「我全個心魂都感到，」他寫信給捷涅羅莫說，「感到下列幾句話的真切：丈夫與妻子不是兩個分離著的生物，而是結合為一的；我熱願把我能有時藉以超脫人生之苦惱的宗教意識，傳遞一部分給我的妻子。我希望這意識能夠，當然不是由我，而是由上帝傳遞給她，雖然這意識是女人們所不大能達到的。」[17]

這個志願似乎沒有被接納。托爾斯泰伯爵夫人愛「和她結合為一的」偉大的心魂的仁慈，愛他心地的純潔，愛他坦白的英雄氣；她窺見「他走在群眾之前，指示人類應取的途徑」[18]；當神聖宗教會議開除他的教籍時，她勇敢地為他辯護，聲稱她將分任她的丈夫所能遭逢的危險。但她對於她不相信的事情不能佯為相信；而托爾斯泰亦是那麼真誠，

17 一八九二年五月十六日。托爾斯泰那時看見他的夫人為了一個男孩的死亡而痛苦著，他不知如何安慰她。

18 一八八三年一月書。

不願強令她佯為信從——因為他恨虛偽的信仰與愛，更甚於完全的不信仰與不愛[19]。因此，他怎麼能強迫不相信的她改變她的生活，犧牲她和她的兒女們的財產呢？

和他的兒女們，齟齬似乎更深。勒魯瓦．博利厄氏曾在亞斯納亞．波利亞納見過托爾斯泰，說「在食桌上，當父親說話時，兒子們竟不大遮掩他們的煩惱與不信任」[20]。他的信仰只稍稍感染了他的三位女兒，其中一個，他最愛的瑪麗亞，那時已經死了[21]。他在家人中間，精神上是完全孤獨的。懂得他的「僅有他的幼女和他的醫生」[22]。

他為了這思想上的距離而苦惱，他為了不得不敷衍的世俗的交際而苦惱，世界上到處有人來訪問他，那些美國人，那些趨尚時髦的輕浮之士使他非常厭倦；他亦為了他的家庭生活所強迫他享受的「奢侈」而苦惱。其實亦是最低限度的奢侈，如果我們相信在他家裡見過他的人的敘述的話，嚴肅冷峻的家具，他的小臥室內，放著一張鐵床，四壁禿露無一物！但這種舒適已使他難堪：這是他永遠的苦惱。在《法蘭西水星》的第二短篇中，他悲苦地把周圍的慘狀和他自己家中的享用作對比。

一九〇三年時，他已寫道：「我的活動，不論對於若干人士顯得是如何有益，已經喪失了它大半的重要性，因為我的生活不能和我所宣傳的主張完全一致。」[23]

他真是如何的不能實現這一致！他既不能強迫他的家族棄絕人世，也不能和他們與他們的生活分離——使他得以擺脫他的敵人們的攻擊，說他是偽善，說他言行不一致！

他曾有過思念。長久以來，他已下了決心。人們已覓得並發表了他於一八九七年六月八日寫給他的妻子的信[24]。應當在此全部轉錄出來。再沒有比這封信更能抉發他的熱愛與苦痛的心魂的了：

---

19 「我從來不責備人沒有宗教。最壞的是當人們說謊時，佯作信奉宗教。」此外又言：「如果上帝假做愛我們，這是比恨我們更糟。」

20 見一九一〇年十二月十五日巴黎《兩球雜誌》。

21 保爾．比魯科夫最近在德譯本中發表一部托爾斯泰與他的女兒瑪麗亞的通信。

22 見一九一〇年十二月十五日巴黎《兩球雜誌》。

23 一九〇三年十二月十日致一個友人書。

24 見一九一〇年十二月二十七日《費加羅》日報〔編按：即《費加洛報》，*Le Figaro*〕，這封信，在他死後，由他們的女婿奧博連斯基親王〔編按：le prince Obolensky〕交給托爾斯泰伯爵夫人。這是數年之前，托氏把這封信付託給女婿的。這封信之外更附有另一封信，涉及他們夫婦生活的私事的。此信為托爾斯泰伯爵夫人閱後毀去。（見托爾斯泰的長女塔佳娜．蘇霍京夫人〔編按：Mme Tatiana Soukhotine〕的敘述）

長久以來，親愛的索菲婭，我為了我的生活與我的信仰的不一致而痛苦。我不能迫使你改變你的生活與習慣。迄今為止，我也不能離開你，因為我想我離開之後，我將失掉我能給與你的還很年輕的孩子們的小小的影響，而我將使你們大家非常難過。但我不能繼續如過去的十六年般的生活[25]，有時是對你們抗爭使你們不快，有時我自己陷於我所習慣的周圍的誘惑與影響中間不能振作。我此刻決心要實行我已想了好久的計畫：走……如印度人一般，到了六十歲的時候到森林中去隱居，如一切信教的老人一般，願將他的殘年奉獻給上帝，而非奉獻給玩笑，說幽默話，胡鬧，打網球，我亦是，在這七十歲左右的時節，我在全個心魂的力量上願靜穆，孤獨，即非完滿的一致，至少亦不要有在我一生與良心之間爭鬥的不一致。如果我公開地走，一定會引起你們的祈求、辯論，我將退讓，或者就在我應當實行我的決心的時候就沒有實行。因此我請你們寬恕我，如果我的行動使你們難過。尤其是你，索菲婭，讓我走吧，不要尋找我，不要恨我，不要責備我。我離開你這個事實並不證明我對你有何不慊……我知道你不能，你不能如我一樣地思想與觀察，故你不能改變你的生活，不能為了你所不承認的物件作何犧牲。因此，我一些也不埋怨你；相反，我滿懷著愛與感激來回憶我們三十五年的冗長的共同生活，尤其是這時期的前半期，你用你天賦的母性中的勇敢與忠誠，來負起你所承認的你的使命。你對於我，對於世界，你所能給予的已經給予了。你富有母愛，盡了極大的犧牲……但在我們的生活的後半部，在這最近的十五年間，我們是分道揚鑣了。我不能相信這是我的錯誤；我知道我改變了，可這既非為了享樂，亦非為了別人，而是為了我不得不如此之故。我不能責備你絲毫沒有跟從我，我感謝你，且我將永遠懷著真摯的愛想起你對於我的賜與。——別了，我親愛的索菲婭。我愛你。

「我離開你這個事實……」實在他並未離開她。——可憐的信！對於他，寫了這信似乎已足夠，似乎已經完成了他的決心……寫完了，他的決斷的力量已經用盡了。——「如果我公開地走，一定會引起你們的祈求，辯論，我將退讓……」可是於他不需什麼「祈求」、「辯論」，他只要一刻之後，看到他要離開的一切時，他便感到他不能，他不能離開他們了；他衣袋中的信，就此藏在一件家具內，外面注著：

25 這種痛苦的情況自一八八一年，即在莫斯科所度的那個冬天起即已開始，那時候即托爾斯泰初次發現社會慘狀。

我死後，將此交給我的妻，索菲婭·安德列耶芙娜。

他的出亡的計畫至此為止。

這是他的力的表現麼？他不能為了他的上帝而犧牲他的溫情麼？——當然，在基督教名人錄中，不乏更堅決的聖者，會毫不躊躇地擯棄他們的與別人的感情……怎麼辦呢？他決非是這等人。他是弱者。他是人。為了這，我們才愛他。

十五年前，在極端愴痛的一頁中，他自問：

那麼，列夫·托爾斯泰，你是否依照你所宣揚的主義而生活？

他痛苦地答道：

我羞愧欲死，我是罪人，我應當被人蔑視。……可是，請把我過去的生活和現在的比一比吧。你可以看到我在尋求依了上帝的律令而生活的方法。我沒有做到我應做的千分之一，我為此而惶愧，但我的沒有做到並非因為我不願而是因為我不能……指斥我吧，可不要指斥我所遵循的道路。如果我認識引領到我家裡去的道路而我如醉人一般踉踉蹌蹌地走著，這便可說是我所取的路是壞路嗎？不是請你指點我另一條路，就是請支持我去遵循真理的路，而我已完全準備受你支持了。可不要冷落我，不要把我的破滅引為樂事，不要高興地喊：「瞧啊！他說他要走到家裡，而他墮入泥窪中去了！」不，不要幸災樂禍，但請助我，支持我！……助我啊！我為了我們大家都彷徨失措而心碎；而當我竭盡全力想超脫地獄時，當我每次墮入歧途時，你們卻不予我同情，反指著我說：「看吧，他亦和我們一起跌入泥窪了！」[26]

---

26 在托爾斯泰的最後幾年，尤其在最後幾個月中，他似乎受著弗拉季米爾－葛列格里奇·切爾特科夫〔編按：Vladimir-Grigoritch Tchertkov〕的影響。這是一個忠誠的朋友，久居英國，出資刊行並流通托爾斯泰的著作。他曾被托爾斯泰的一個兒子，名叫列夫的攻擊。但即是他的思想的固執不無可議之處，可沒有人能夠懷疑他的絕對的忠誠。有人說托爾斯泰在遺囑中絲毫沒有把他的著作權贈給他的妻子的，這種無情的舉動，是受著這位朋友的感應；但究竟我們無從證實，所能確實知道的，是他對於托爾斯泰的榮名比著托氏本人更為關心。自一九一〇年六月二十三日起到托氏逝世間的六個月中的情況，托爾斯泰的最後一個祕書瓦連京·布林加科夫〔編按：Valentin Boulgakov〕知道得最清楚，他的日記便是這時期托氏生活的最忠實的紀錄。

離他的死更近的時候，他又重複著說：

我不是一個聖者，我從來不自命為這樣的人物。我是一個任人驅使的人，有時候不完全說出他所思想他所感覺著的東西；並非因為他不願，而是因為他不能，因為他時常要誇大或彷徨。在我的行為中，這更糟了。我是一個完全怯弱的人，具有惡習，願侍奉真理之神，但永遠在顛蹶，如果人們把我當作一個不會有何錯誤的人，那麼，我的每項錯誤皆將顯得是謊言或虛偽。但若人們視我為一個弱者，那麼，我的本來面目可以完全顯露：這是一個可憐的生物，但是真誠的，他一直要而且誠心誠意地願成為一個好人，上帝的一個忠僕。

這樣的，他為良心的責備所苦，為他的更堅毅的但缺少人間性的信徒們的無聲的埋怨所抨擊，為了他的怯弱，他的踟躕不決而痛心，老是在家族之愛與上帝之愛間徘徊——直到一天，一時間的絕望，或是他臨死前的狂熱的旋風，迫他離開了家，在路上，一面彷徨，一面奔逃，去叩一所修院的門，隨後又重新啟程，終於在途中病倒了，在一個無名的小城中一病不起[27]。在他彌留的床上，他哭泣著，並非為了自己，而是為了不

27 一九一〇年十月二十八日的清晨五時許，托爾斯泰突然離開了亞斯納亞．波利亞納。他由馬科維茨基醫生〔編按：Makovitski〕陪隨著；他的女兒亞歷山德拉〔編按：Alexandra Lvovna Tolstoy〕，為切爾特科夫稱為「他的親切的合作者」的，知道他動身的祕密。當日晚六時，他到達奧普塔修院〔編按：monastère d'Optina〕，俄國最著名的修院之一，他以前曾經到過好幾次。他在此宿了一晚，翌晨，他寫了一篇論死刑的長文。在十月二十九日晚上，他到他的姊妹瑪麗亞出家的沙莫爾金諾修院〔編按：monastère de Chamordino〕。他和她一同晚餐，他告訴她他欲在奧普塔修院中度他的餘年，「可以做任何低下的工作，唯一的條件是人家不強迫他到教堂裡去」。他留宿在沙莫爾金諾，翌日清晨，他在鄰近的村落中散步了一回，他又想在那裡租一個住處，下午再去看他的姊妹。五時，他的女兒亞歷山德拉不湊巧地趕來了。無疑的，她是來通知他說他走後，人家已開始在尋訪他了：他們在夜裡立刻動身。托爾斯泰、亞歷山德拉、馬科維茨基向著克謝爾斯克車站〔編按：Koselsk〕出發，也許是要從此走入南方各省，再到巴爾幹、布林加列〔編按：即保加利亞，Bulgarie〕、塞爾別〔編按：即塞爾維亞，Serbie〕各地的斯拉夫民族居留地。途中，托爾斯泰在阿斯塔波沃站〔編按：Astapovo〕上病倒了，不得不在那裡臥床休養。他便在那裡去世了。——關於他最後幾天的情景，在《托爾斯泰的出走與去世》（柏林，一九二五年版）〔編按：*Tolstoys Flucht und Tod*〕中可以找到最完全的記載，作者勒內．菲洛埃普－米勒〔編按：*René Fuellœp-Miller*〕與弗里德里希．埃克施泰因〔編按：Friedrich Eckstein〕搜集托爾斯泰的夫人、女兒、醫生，及在場的友人的記載，和政府祕密檔中的記載。這最後一部分，一九一七年時被蘇維埃政府發現，暴露了當時不少的陰謀，政府與教會包圍著垂死的老人，想逼他取消他以前對於教會的攻擊而表示翻悔。政府，尤其是俄皇個人，極力威逼神聖宗教會議要他辦到這件事。但結果是完全失敗。這批文件亦證明了政府的煩慮。列下省〔編按：Riasan〕總督、奧博連斯基親王、莫斯科憲兵總監洛夫將軍〔編按：le général Lwow〕間的警務通訊，對於在阿斯塔波沃發生的事故每小時都有報告，下了最嚴重的命令守護車站。使護喪的人完全與外間隔絕。這是因為最高的當局深恐托氏之死會引起俄羅斯政治大示威運動之故。——托爾斯泰與世長辭的那所屋子周圍，擁滿了員警、間諜、新聞記者，與電影攝影師，窺伺著托爾斯泰伯爵夫人對於垂死者所表示的愛情、痛苦與懺悔。

幸的人們；而在嚎啕的哭聲中說：

大地上千百萬的生靈在受苦；你們為何大家都在這裡只照顧一個列夫．托爾斯泰？

於是，「解脫」來了——這是一九一〇年十一月二十日，清晨六時餘——「解脫」，他所稱為「死，該祝福的死……」來了。

「戰鬥告終了」

戰鬥告終了，以八十二年的生命做為戰場的戰鬥告終了。悲劇的光榮的爭戰，一切生的力量，一切缺陷一切德性都參與著。——一切缺陷，除了一項，他不息地抨擊的謊言。

最初是醉人的自由，在遠遠裡電光閃閃的風雨之夜互相摸索衝撞的情欲——愛情與幻夢的狂亂，永恆的幻象。高加索、塞瓦斯托波爾，這騷亂煩悶的青春時代……接著，婚後最初幾年中的恬靜。愛情，藝術，自然的幸福，《戰爭與和平》。天才的最高期，籠罩了整個人類的境界，還有在心魂上已經成為過去的，這些爭鬥的景象。他統制著這一切，他是主宰；而這，於他已不足夠了。如安德列親王一樣，他的目光轉向奧斯特利茨無垠的青天。是這青天在吸引他：

有的人具有強大的翅翼，為了對於世俗的戀念墮在人間，翅翼折斷了：例如我。以後，他鼓著殘破的翅翼奮力沖飛，又墮下了。翅翼將會痊癒變成完好的。我將飛翔到極高。上帝助我！[1]

這是他在最驚心動魄的暴風雨時代所寫的句子，《懺悔錄》便是這時期的回憶與回聲。托爾斯泰曾屢次墮在地下折斷了翅翼。而他永遠堅持著。他重新啟程。他居然「遨翔於無垠與深沉的天空中了」，兩張巨大的翅翼，一是理智一是信仰。但他在那裡並未找到他所探求的靜謐。天並不在我們之外而在我們之內。托爾斯泰在天上仍舊激起他熱情的風波，在這一點上他和一切捨棄人世的使徒有別：他在他的捨棄中灌注著與他在人生中同樣的熱情。他所抓握著的永遠是「生」，而且他抓握得如愛人般的強烈。他「為了生而瘋狂」。他「為了生而陶醉」。沒有這醉意，他不能生存[2]。為了幸福，同時亦為了苦難而陶醉，醉心於死，亦醉心於永生[3]。他對於個人生活的捨棄，只是他對於永恆生活的企慕的呼聲而已。不，他所達到的平和，他所喚引的靈魂的平和，並非是死的平和。這是那些在無窮的空間中熱烈地向前趱奔的人們的平和。在於他，憤怒是沉靜的[4]，而沉靜卻是沸熱的。信心給予他新的武器，使他把從初期作品起便開始的對於現代社會的謊言的戰鬥，更憤激地繼續下去。他不再限於幾個小說中的人物，而向一切巨大的偶像施行攻擊了：宗教、國家、科學、藝術、自由主義、社會主義、平民教育、慈善事業、和平運動……[5]他痛罵它們，把他們攻擊得毫無餘地。

---

1 見一八七九年十月二十八日《日記》。那一頁是最美麗的一頁，我們把它轉錄於下：「在這個世界上有沒有翅翼的笨重的人。他們在下層，騷擾著。他們中間亦有極強的，如拿破崙。他們在人間留下可怕的痕跡，播下不和的種子。——有讓他的翅翼推動的人，慢慢地向前，翱翔著，如僧侶。——有輕浮的人，極容易上升而下墜，如那些好心的理想家。——有具有強大的翅翼的人……——有天國的人，為了人間的愛，藏起翅翼而降到地上，教人飛翔。以後，當他們不再成為必要時，他們稱為『基督』。」

2 「一個人只有在醉於生命的時候方能生活。」（《懺悔錄》一八七九年）「我為了人生而癲狂……這是夏天，美妙的夏天。今年，我奮鬥了長久；但自然的美把我征服了。我感著生的樂趣。」（一八八〇年七月致費特書）這幾行正在他為了宗教而狂亂的時候寫的。

3 一八六五年十月《日記》：「死的念頭……」「我願，我愛永生。」

4 「我對於憤怒感到陶醉，我愛它，當我感到時我且刺激它，因為它於我是一種鎮靜的方法，使我，至少在若干時內，具有非常的彈性、精力與火焰，使我在精神上肉體上都能有所作為。」（見《涅赫留多夫親王日記》一八五七年）

5 他為了一八九一年在倫敦舉行的世界和平會議所寫的關於戰爭的論文，是對於一般相信仲裁主義的和平主義者的一個尖銳的譏刺：「這無異於把一粒穀放在鳥的尾巴上而捕獲它的故事。要捕獲它是那麼容易的事。和人們談著什麼仲裁與國家容許的裁軍實在是開玩笑。這一切真是些無謂的空談！當然，各國政府會承認：那些好使徒！他們明明知道這決不能阻止他們在歡喜的時候驅使千百萬的生靈去相殺。」（見《天國在我們內心》第六章）

世界上曾時常看見那些偉大的思想反叛者出現，他們如先驅者約翰[6]般詛咒墮落的文明。其中的最後一個是盧梭。在他對於自然的愛慕[7]，在他對於現代社會的痛恨，在他極端的獨立性，在他對於聖書與基督教道德的崇拜，盧梭可說是預告了托爾斯泰的來臨，托爾斯泰自己即承認，說：「他的文字中直有許多地方打動我的心坎，我想我自己便會寫出這些句子。」[8]

但這兩顆心魂畢竟有極大的差別，托爾斯泰的是更純粹的基督徒的靈魂！且舉兩個例子以見這位日內瓦人的《懺悔錄》中含有多麼傲慢、不遜、偽善的氣氛：

永恆的生靈！有人能和你說——只要他敢：我曾比此人更好！

我敢毫無顧忌地說：誰敢當我是不誠實的人，他自己便是該死。

托爾斯泰卻為了他過去生命中的罪惡而痛哭流涕：

6 編按：即先知「施洗約翰」（John the Baptist）。

7 自然一向是托爾斯泰的「最好的朋友」，好似他自己所說的一樣：「一個朋友，這很好；但他將死，他要到什麼地方去，我們不能跟隨他。至於自然，我們和它的關係是那麼密切，不啻是買來的，承繼得來的，這當然更好。我的自然是冷酷的，累贅的；但這是一個終身的朋友；當一個人死後，他便進到自然中去。」（致費特書，一八六一年五月十九日）他參與自然的生命，他在春天再生，（「三月四月是我工作最好的月份」——一八七七年三月二十三日致費特書）他到了暮秋開始沉悶。（「這於我是死的一季，我不思想，不寫，我舒服地感到自己蠢然。」——一八六九年十月二十一日致費特書）

8 見和保爾．布瓦耶的談話。（一九〇一年八月二十八日巴黎《時報》）實在，人們時常會分不清楚，例如盧梭的朱莉〔譯按：朱莉是盧梭著《新愛洛伊絲》（編按：*Julie, ou la nouvelle Héloïse*）小說中的女主人翁〕在臨終時的說話：「凡我所不能相信的，我不能說我相信，我永遠說我所相信的。屬於我的，唯此而已。」和托爾斯泰《答聖西諾德書》〔譯按：Saint-Synode〕中的：「我的信仰使人厭惡或阻礙別人，這是可能的。但要更改它卻不在我能力範圍以內，好似我不能更變我的肉體一樣。我除了我所相信的以外不能相信別的，尤其在這個我將回到我所從來的神那邊去的時候。」或盧梭的《答特博蒙書》〔譯按：Christophe de Beaumont〕似乎完全出之於托爾斯泰的手筆：「我是耶穌基督的信徒。我主告我凡是愛他的同胞的人已經完成了律令。」或如：「星期日的全部禱文又以歸納在下列這幾個字中：願你的意志實現！」（盧梭《山中雜書》〔譯按：*Troisième lettre de la Montagne*〕第三）與下面一段相比：「我把主禱文代替了一切禱文。我所能向上帝祈求的在下列一句中表現得最完滿了：『願你的意志實現！』」（一八五二至一八五三年間在高加索時代的《日記》）兩人思想的肖似不獨在宗教方面為然，即在藝術方面亦是如此。盧梭有言：「現代藝術的第一條規則，是說得明明白白，準確地表出他的思想。」托爾斯泰說：「你愛怎麼想便怎麼想吧，只要你的每一個字都能為大家懂得。在完全通暢明白的文字中決不會寫出不好的東西。」此外我亦說過，盧梭在《新愛洛伊絲》中對於巴黎歌劇院的諷刺的描寫，和托爾斯泰在《藝術論》中的批評極有關聯。

我感到地獄般的痛苦。我回想起我一切以往的卑怯，這些卑怯的回憶不離我，它們毒害了我的生命。人們通常抱憾死後不能保有回憶。這樣將多麼幸福啊！如果在這另一個生命中，我能回憶到我在此世所犯的一切罪惡，將是怎樣的痛苦啊！……[9]

他不會如盧梭一般寫他的《懺悔錄》，因為盧梭曾言：「因為感到我的善勝過惡，故我認為有說出一切的利益。」[10]托爾斯泰試著寫他的《回憶錄》，終於放棄了；筆在他手中墮下，他不願人們將來讀了之後說：

人們認為那麼崇高的人原來如此！他曾經是何等卑怯！至於我們，卻是上帝自己令我們成為卑怯的。[11]

基督教信仰中的美麗而道德的貞潔，和使托爾斯泰具有慤直之風的謙虛，盧梭都從未認識。隱在盧梭之後——在鷺鷥島的銅像周圍——我們看到一個日內瓦的聖皮埃爾[12]，羅馬的加爾文[13]。在托爾斯泰身上，我們卻看到那些巡禮者，無邪的教徒，曾以天真的懺悔與流淚感動過他的童年的。

對於世界的奮戰，是他和盧梭共同的爭鬥，此外尚另有一種更甚於此的爭鬥充塞著托爾斯泰最後三十年的生命，這是他心魂中兩種最高的力量的肉搏：真理與愛。

真理——「這直透入心魂的目光，」——透入你內心動的灰色的眼珠中的深刻的光明……它是他的最早的信仰，是他的藝術之後。

> 成為我作品中的女英雄的，為我以整個心魂的力量所愛的，在過去、現在、將來，永遠是美的，這便是真理。[14]

---

9 見一九〇三年一月六日《日記》。

10 見盧梭《一個孤獨的散步者的幻想錄》〔編按：即《一個孤獨漫步者的遐想》，*Les Rêveries du promeneur solitaire*〕中《第四次散步》〔編按：*Quatrième Promenade*〕。

11 致比魯科夫書。

12 編按：即「第一門徒」聖彼得（Saint Peter）。

13 編按：即喀爾文（Jean Calvin）。

14 《一八五五年五月之塞瓦斯托波爾》。

真理，是在他兄弟死後一切都毀滅了的時候所僅存的東西[15]。真理，是他生命的中樞，是大海中的岩石。……

但不久之後，「殘酷的真理」[16]於他已不夠了。愛占奪了它的地位。這是他童年時代的活潑的泉源，「他的心魂的自然的境界」[17]。一八八〇年發生精神錯亂時，他絕未捨棄真理，他把它導向愛的境界[18]。

愛是「力的基礎」[19]。愛是「生存的意義」，唯一的意義，當然，美亦是的[20]。愛是由生活磨煉成熟後的托爾斯泰的精髓，是《戰爭與和平》《答聖西諾德書》的作者的生命的精髓[21]。

愛深入於真理這一點，成為他在中年所寫的傑作的獨有的價值，他的寫實主義所以和福樓拜式的寫實主義有別者亦為此。福樓拜竭力要不愛他書中的人物。故無論這種態度是如何偉大，它總缺少光明的存在！太陽的光明全然不夠，必須要有心的光明。托爾斯泰的寫實主義現身在每個生靈的內部，且用他們的目光去觀察他們時，在最下賤的人中，他亦會找到愛他的理由，使我們感到這惡人與我們中間亦有兄弟般的情誼聯繫著[22]。由了愛，他參透生命的根源。

但這種博愛的聯繫是難於維持的。有時候，人生的現象與痛苦是那麼悲慘，對於我們的愛顯得是一種打擊，那時，為了拯救這愛，拯救這信念，我們不得不把它超臨人世之上，以至它有和人世脫離一切關係的危險。而那秉有看到真理，且絕對不能不看到真理的這美妙而又可畏的天賦的人，將怎麼辦呢？托爾斯泰最後數年中，銳利的慧眼看到

15「真理……在我道德觀念中唯一存留的東西，我將崇拜的唯一的物件。」（一八六〇年十月十七日）

16 同前。

17「純粹的愛人類之情是心靈的天然狀態，而我們竟沒有注意到。」（當他在卡贊當學生時代的《日記》）

18「真理會導向愛情……」（《懺悔錄》一八七九至一八八一年）「我把真理放在愛的一個單位上……」（同前）

19「你永遠在提及力量？但力的基礎是愛。」（見《安娜・卡列尼娜》第二卷安娜的話）

20「美與愛，生存的兩大意義。」（《戰爭與和平》第二卷）

21「我信上帝，上帝於我即是『愛』。」（一九〇一年《答聖西諾德書》）「是的，愛！……不是自私的愛，但是我生平第一次感受到的愛，當我看到，在我身旁的垂死的敵人，我愛他……這是靈魂的原素。愛他的鄰人，愛他的敵人，愛大家，愛每個，這是在各方面去愛上帝！……愛一個我們親愛的人，這是人的愛，但愛他的敵人簡直是神明的愛！……」（這是《戰爭與和平》中安德列臨終時所說的話）

22「藝術家對於他的作品的愛是藝術的心靈。沒有愛，沒有藝術品。」（一八八九年九月書）

現實的殘酷，熱烈的心永遠期待著鍛煉著愛，他為了心與目的不斷的矛盾所感到的痛苦，誰又能說出來呢？

我們大家都體驗過這悲劇的爭鬥。我們屢次陷入或不忍睹或痛恨的輪迴中！一個藝術家——一個名副其實的藝術家，一個認識文字的美妙而又可怕的力量的作家——在寫出某項真理的時候，感得為慘痛的情緒所拗苦：此種情形何可勝數[23]！在現代的謊言中，在文明的謊言中，這健全而嚴重的真理，有如我們賴以呼吸的空氣一般需要……而我們發現這空氣，為多少肺所不能忍受，多少為文明所磨成，或只為他們心地的慈悲而變成怯弱的人所不堪忍受！這使人駭而卻走的真理，我們可毫不顧慮這些弱者而在他們眼前暴露麼？有沒有在高處如托爾斯泰所說的一般，一種「導向愛的」真理？——可是什麼？我們能不能容忍以令人安慰的謊言去欺騙人，如皮爾・金特[24]把他的童話來麻醉他的垂死的母親？……社會永遠處在這兩條路的中間：真理；或愛。它通常的解決，往往是把真理與愛兩者一齊犧牲了。

托爾斯泰從未欺妄過他兩種信心中的任何一種。在他成熟期的作品中，愛是真理的火焰。在他晚年的作品中，這是一種從高處射下的光明，一道神恩普照的光彩燭照在人生上，可是不復與人生融和了。我們在《復活》中看到信仰統制著現實，但仍站在現實之外。托爾斯泰所描寫的人物。每當他隔別觀察他們的面目時，顯得是弱的，無用的，但一等到他以抽象的方式加以思索時，這些人物立刻具有神明般的聖潔了[25]。——在他日常生活中，和他的藝術同樣有這種矛盾的表現，而且更為殘酷的。他雖然知道愛所支使他的任務，他的行動卻總不一致；他不依了神而生活，他依了世俗而生活。即是愛，到哪裡去抓握它呢？在它不同的面目與矛盾的系統中如何加以辨別？是他的家庭之愛，抑是全人類之愛？……直到最後一天，他還是在這兩者中間彷徨。

如何解決？——他不知道。讓那些驕傲的知識份子去輕蔑地批判他吧。當然，他們找到了解決方法，找到了真理，他們具有確信。在這些人看來，托爾斯泰是一個弱者，一個感傷的人，不足為訓的。無疑的，他不是一個他們所能追隨的榜樣：他們沒有相當的生命力。托爾斯泰不屬於富有虛榮心的優秀階級，他亦不屬於任何教派——他既非偽

23 「我寫了這些書，所以我知道它們所能產生的罪過……」（一八九七年十一月二十一日，托爾斯泰致杜霍博爾人的領袖韋里金〔編按：P.-V. Vériguine〕書）

24 編按：指《培爾．金特》（*Peer Gynt*），挪威著名劇作家易卜生的代表作之一，出版於一八六七年。

25 參看《一個紳士的早晨》，——或在《懺悔錄》中理想的描寫，那些人是多麼質樸，多麼善良，滿足自己的命運，安分守己，博得人生的意義，——或在《復活》第二編末，當涅赫留多夫遇見放工回來的工人時，眼前顯出「這人類，這新世界」。

善者，亦非如他所稱謂的猶太僧侶。他是自由基督徒中最高的一個典型，他的一生都在傾向於一個愈趨愈遠的理想[26]。

托爾斯泰並不向那些思想上的特權者說話，他只說給普遍人聽。——他是我們的良知。

他說出我們這些普通人所共有的思想，為我們不敢在自己心中加以正視的。而他之於我們，亦非一個驕傲的大師，如那些坐在他們的藝術與智慧的寶座上，威臨著人類的高傲的天才一般。他是——如他在信中自稱的，那個在一切名稱中最美，最甜蜜的一個——「我們的弟兄」。

一九一一年一月

26 「一個基督徒在精神上決不會比別人高或低；但他能在完滿的道上，活動得更快，這便使他成為更純粹的基督徒。因此，那些偽善者的停滯不進的德行較之和基督同時釘死的強盜更少基督教意味，因為這些強盜的心魂，永遠向著理想而活動，且他們在十字架上也已後悔了。」（見《殘忍的享樂》）

托爾斯泰遺著論

Note Sur Les Œuvres Posthumes De Tolstoy

托爾斯泰死後，遺下不少未曾發表的作品。其中大部分在他死後已經陸續印行，在比安斯托克氏[1]的法譯本（納爾遜書店叢書版）中合成三卷[2]。這些作品分屬於他一生的各個時代。有的還是一八八三年的作品（如《一個瘋人的日記》）。有的是他在最後幾年中寫的。它們的種類有短篇小說，長篇小說，劇本，獨白。許多是未完之作。我敢把它們分成兩類：一是托爾斯泰依了道德意志而寫的，一是依了藝術本能而寫的。還有一小部分是這兩種趨向融和得非常美滿的。

所可惜的，是他對於文學的光榮的淡漠——或者是為了他的禁欲思想——使他不能把應該是作品中最美的一部分傑作繼續下去。例如《費奧多爾．庫茲米奇老人的遺著——日記》。這是俄皇亞歷山大一世的有名的傳說，說他決心捨棄一切，托著假名出走，在西伯利亞終老。我們感到托爾斯泰對此題材非常熱情，他和他的英雄在思想上結合為一。但這部《日記》只存留了最初幾章；即在這殘缺的部分中，已可令人看得敘述的緊湊與清新，足和《復活》中最好的部分媲美。在此有多少令人不能遺忘的肖像（如老後葉卡捷琳娜二世），尤其是這位神祕的暴烈的俄皇的描繪，他的倨傲的性格，在平靜的老人心中還不時地激醒興奮。

《謝爾蓋老人》（一八九一至一九〇四）亦是波瀾壯闊的托爾斯泰式的作品之一；

但故事的敘述被裁剪得太短了。一個老人在孤獨與苦行中追求上帝，終於他在為了人群而生活時找到了神。有幾處獷野的情調直可令人駭愕。書中的主人翁發現他所愛者的醜惡的那幕描寫（他的未婚妻，為他崇拜如聖女一般的女人，竟是他所敬愛的俄皇的情婦），真是又質樸又悲壯。即是那個修士在精神狂亂之夜為要重覓和平而斫落自己的手指那幕，亦是動人心魂的描寫。與這些獷野可怖的穿插對立著的，有書末描述與可憐的童年的女友那段淒惻的談話，和最後幾頁的淡漠、清明、急轉直下的文字。

《母親》亦是一部動人之作。一個慈愛的有理性的母親，四十年中整個的為了她的家人服務，終於孤獨著，不活動，亦沒有活動的意義，雖然是自由思想者，她竟隱居於一個修院中去寫她的日記。但本書只有首部還存留著。

另一組短篇故事，在藝術上是更完滿的作品。

《傻瓜阿列克謝》可以歸入美麗的通俗故事類，事情是講一個質直樸訥的人，永遠

1 編按：J.-W. Bienstock。

2 另一部更完全的版本，是一九二五年出版的喬治．特奧斯托亞〔編按：Georges d'Ostoya〕與居斯塔夫．馬松〔編按：Gustave Masson〕的合譯本。巴黎博薩爾書店〔編按：Bossard〕。

被犧牲，永遠甜蜜地感到滿足，以至於死。——《舞會之後》（一九〇三年八月二十日）是：一個老人講他曾如何地愛一個青年女郎，如何的突然不愛她，因為他看見女子的父親，一個當大佐的軍官，鞭笞他的兵士之故。這是完滿之作，先是少年時代的回憶，美麗動人，接著是十分激動的真切的描寫。——《夢中所見》（一九〇六年十一月十三日）是：一個親王為了他所鍾愛的女兒，任人誘惑逃出家庭，而不能寬恕她。但他一看見她時，卻是他立刻去請求她的寬恕。然而（在此可見托爾斯泰的溫情與理想主義從來沒有枯竭的時候），他無論如何不能克制自己見了女兒的私生子所生的厭惡之情。——《霍登卡》是極短的短篇，敘述一八九三年時，一個年輕的俄國公主，想加入莫斯科的一個平民節慶，突然被人眾擁擠得大為狼狽，被人在腳下踐踏，人家以為她是死了，一個工人，亦是被人擠得不堪的人，救醒了她。一霎間，友愛的情操把兩人聯合了。以後他們分別了，從此不復相見。

局面偉大，開始便似一部史詩式的長篇小說的，有《哈吉·穆拉特》（一九〇二年十二月），敘述一八五一年高加索戰爭時的雜事[3]。在寫本書的時候，托爾斯泰正在最能把握他的藝術能力的階段。視覺（眼睛的與心靈的）是非常完滿。但可怪的是人家對於故事並不真正感到興趣。因為讀者覺得托爾斯泰亦並不對此故事真有什麼興趣。在故事中顯現的每個人物，正好獲得他恰當的同情；而作者對於每個人物，即是在我們眼前顯露一下並不有何長久的動作的，亦給他一個完滿的肖像描寫。但為了要愛全體，他終於沒有什麼偏愛。他寫這作品，似乎並無內心的需要，而只是為了肉體的需求。如別人需要舒展他的肌肉一般，他需要使用他的智的機能。他需要創作，他便創作了。

別的具有個人氣質的作品，往往達到了悲愴的境界。自傳式的作品即屬此類，如《一個瘋人的日記》（一八八三年十月二十日），追寫一八六九年托爾斯泰精神困亂時最初幾夜的恐怖[4]。又如《魔鬼》（一八八九年十一月十九日），這部最後的最長的短篇小說，好幾部分含有一切最優的特點，不幸它的結局極無聊。一個鄉下的地主，和他的農人的一個女兒有了關係，卻另外結了婚，和鄉女離開了（因為他是誠實的，他又愛他的年輕的妻子）。但這鄉女「留在他的血液裡」，他見了她不能不生占有她的思念。她追尋他。她終於重新和他結合；他感到自己不復能離開她：他自殺了。書中各個人物

3 托爾斯泰寫道，「其中一部分是我親歷的」。
4 參看前文中論《安娜．卡列尼娜》章。

的肖像——如男子是一個善良的、懦弱的、壯實的、短視的、聰明的、真誠的、勤奮的、煩悶的人——他的年輕的妻子是傳奇式的、多情的——美麗的健全的鄉女，熱烈而不知貞操的——都是傑作。可惜托爾斯泰在他的小說的終局放入在實事中沒有的道德思想：因為作者實在有過同類的豔史。

五幕劇《黑暗中的光明》，確表現了藝術方面的弱點。但當我們知道了托爾斯泰暮年時的悲劇時，這部在別的人名下隱藏著托爾斯泰及其家人的作品將何等動人！尼古拉·伊萬諾維奇·薩林特澤夫和《我們應當做什麼？》的作者到了具有同樣信心的地步，他試著要把它實行。但這於他是絕端不可能。他的妻子的哭泣（真誠的呢還是假裝的？）阻止他離開他的家族。他留在家中，如窮人般過活，做著木工。他的夫人與兒女繼續著奢侈的享用與豪華的宴會。雖然他絕對沒有參加，人家卻指摘他是虛偽。然而，由於他的精神的影響，由於他的人格的光輝，他在周圍造成了不少信徒——與不幸者。一個教堂司祭，信服了他的主義，放棄了他的職位。一個世家子弟為了人的主義而拒絕軍役，以致被罰入糾正紀律的隊伍中。而這可憐的托爾斯泰的化身，薩林特澤夫為懷疑所苦。他是不是犯了錯誤？他是否無謂地陷別人於痛苦或死地？末了，他對於他的悲苦的解決，唯有讓那為他無意中置於絕路的青年的母親殺死。

在另一短篇《無所謂罪人》（一九一〇年九月）中，我們還可找到托爾斯泰最後幾年的生活，同樣是一個因了無可自拔的境遇而受苦的人的懺悔錄。在閑豫的富人之前，有被壓迫的窮人：可是他們雙方都不覺察這種社會狀態的可怕與不合理。

兩部劇本具有真實的價值：一是農村小劇，攻擊酒精的為害的：《一切品性的來源》（很可能是一九一〇年作）。人物的個性極強：他們的典型的體格，他們的言語的可笑，都是描繪逼真。那個在末了寬恕他的竊賊的鄉人，在他無意識的偉大與天真的自尊心上，是又高尚又滑稽的。——第二部卻另有一種重要，是十二景的劇本，名《活屍》。它表露為社會荒謬的現象所壓迫著的善良而懦弱之士。劇中的主人翁費佳為了自己的善性與道德情操而斷送了一生，他的這些情操隱藏在放浪不羈的生活之下：他為了人類的卑下與對於自己的蔑視而痛苦到不堪忍受；但他無力反抗。他有一個妻子，愛他，秉性善良，安分守己，極有理性，但「缺少這使蘋果汁發沫的一顆小小的葡萄」，缺少這令人遺忘一切的「在生活中的跳躍」。而他正需要遺忘。

他說，

我們都處於我們的環境中，我們前面有三條途徑，只有三條。做一個公務員，掙得錢來加增你生活的卑劣。這使我厭惡；也許是我不能這樣做……第二條路，是和這卑下奮鬥：這必得是一個英雄，我卻不是。剩下第三條：忘記自己，喝酒，玩，唱歌；這是我所選擇的路，你們看這條路已引我到什麼地步……[5]

在另一段中：

我怎樣會陷於絕境的呢？第一是酒。並非我感到喝酒的樂趣。但我永遠懷著這種情操：在我周圍的一切都不應當的，我為此羞恥……至於要成為貴族的領袖，或銀行的行長，這是那麼可恥，那麼可恥！……喝過了酒，我們不復感到羞恥了……而且，音樂，不是歌劇或貝多芬，多少精力……還有美麗的黑眼睛，微笑……但這些東西愈是魅人，事後愈令人羞恥……[6]

他離開了他的妻子，因為他覺得她不幸而她亦不使他快樂。他把她留給一個友人，他愛她，她亦愛他，雖然沒有明言，且這友人與他亦有相似之處。他自己隱避在下層階級中；這樣，一切都好：他們兩個是幸福了，他呢——盡他所能地使自己幸福。但社會絕對不允許人家不徵求它的同意而行事；它強迫費佳自殺，如果他不願他的兩位朋友被判重婚罪。——這部奇特的作品，含有那麼深刻的俄羅斯色彩，反映出一般優秀人士在革命所給予的巨大的希望消失以後，如何的失望與消沉，這是一部樸實無華的作品。其中的性格完全是真的，生動的，即是次要的角色亦是如此：（年輕的妹子對於戀愛與婚姻問題的道德觀念；勇敢的卡列寧娜的面目，她的老母，保守派的貴族，在言語上非常強硬，在行為上非常遷就的人）甚至那些酒店中的舞女、律師，都是如實有的人物一般。

我所擱置不論的，是那些道德的與宗教的作用占了首位的作品，在此，作品的自由的生命被阻抑了，雖然這於托爾斯泰心理上的清明狀態並無損害：

《偽票》：長篇的敘述，差不多是一部長篇小說，它要表現世界上一切行為——不論是善是惡——的連鎖。兩個中學生犯了一樁偽票罪，由此發現出許多的罪惡，愈來愈可怕——直到由一個被害的可憐的女人的聖潔的退讓，對於兇手發生了影響，更由這兇

5 《活屍》第五幕第一場。

6 第三幕第二場。

手一步一步追溯到造成罪惡的最初的人犯。題材是壯麗無比，簡直近於史詩一般的題材，作品可以達到古代悲劇中那種定命的偉大。但本書的敘述太冗長了，太瑣碎了，沒有宏偉的氣概；而且雖然每個人物都有特點，他們全體是類似的。

《兒童的智慧》是兒童之間的一組語錄（共有二十一條對白），題材的範圍極廣，涉及宗教、藝術、科學、教育、國家等等。辭藻固然極為豐富；但那種方法令人厭倦，同樣的意見已經重複說過多少次！

《年輕的俄皇》幻想著他不由自主地所給予人的痛苦，是集子中最弱的一篇作品。末了，我只列舉若干斷片的東西：《兩個巡禮者》《祭司瓦西里》《誰為兇手？》等等。

在這些作品的大體上言，我們很感到托爾斯泰直到逝世為止，一直保有他的智的精力[7]。當他陳述他的社會思想的時候，他顯得是徒托空言；但每當他在一件行為，一個生人之前，他的人道主義的幻想消失之時，便只有一副如鷹目般的目光，一下子便參透你的衷心。他從沒有喪失這清明境界。我認為他在藝術上唯一的貧弱，是在於熱情方面。除了極短暫的時間以外，我們有一種印象，似乎藝術之於托爾斯泰不復是他生命的要素；它是一種必須的消遣，或者是行動的工具。但是他的真正的目的卻是行動而非藝術。當他任令這熱情的幻想把他激動時，他似乎感到羞慚；他斬釘截鐵地結束了，或如《費奧多爾・庫茲米奇老人的日記》般，他完全放棄作品，因為它頗有把他重行和藝術結合的危險……正在創造力豐富的時候，他竟為了這創造力而痛苦，終於把它為了上帝而犧牲，這不能不算是一個藝術家的獨一無二的例子。

一九一三年四月

7 這種精神上的健康，有他的朋友切爾特科夫〔編按：Tchertkov〕與他最後病倒時的醫生的敘述為證。差不多直到最後，他每天繼續寫或讀出他的日記令人筆錄。

亞洲對托爾斯泰的迴響

La Réponse
De l'asie
a Tolstoy

在本書最初幾版刊行的時候，我們還不能度量托爾斯泰的思想在世界上的影響。種子還埋在泥土中。應當等待夏天。

今日，秋收已畢。從托爾斯泰身上長出整個的支裔。他的言語見諸行動。在亞斯納亞．波利亞納的先驅者聖約翰之後，接踵而來的有印度的救主——聖雄甘地。

人類史上畢竟不乏令人歎賞的事蹟，偉大的思想努力雖然表面上是歸於消滅了，但它的原素毫未喪失，而種種迴響與反應的推移形成了一條長流不盡的潮流，灌溉土地使其肥沃。

一八四七，年輕的托爾斯泰十九歲，臥病在卡贊醫院，鄰近的病床上，有一個喇嘛僧，面部被強盜刺傷很重，托爾斯泰從他那裡第一次獲得無抵抗主義的啟示，為他將來在一生最後的三十年中奉為圭臬，鍥而不捨的。

六十二年之後，一九〇九年，年輕的印度人甘地，從垂死的托爾斯泰手中受到這聖潔的光明，為俄羅斯的老使徒把他的愛情與痛苦來培養成的；他把這光明放出鮮明的火焰，照射著印度：它的萬丈光芒更遍映於全球各部。

但在涉及甘地與托爾斯泰關係以前，我們願將托爾斯泰與亞洲的關係大體上說一個梗概；沒有這篇論文，一部托爾斯泰傳在今日將成為殘缺之作。因為托爾斯泰對於歐洲的行動，也許在歷史上將較對於亞洲的行動更為重要。他是第一個思想上的「大道」，自東至西，結合古老的大陸上的一切的分子。如今，東西兩方的巡禮者，都在這「大道」上來來往往。

此刻我們已具有一切為認識本題所必需的方法：因為托爾斯泰的虔誠的信徒，保爾・比魯科夫把所有的材料都搜集在《托爾斯泰與東方》一書中[1]。

東方永遠吸引著他。極年輕的時候，在卡贊當大學生，他便選了東方語言科中的阿拉伯－土耳其語言組。在高加索從軍的幾年中，他和回教文化有過年久的接觸，使他獲有深刻的印象。一八七〇年後，在他所編的《初級學校讀本》中，發現不少阿拉伯與印度的童話。他患著宗教苦悶時，《聖經》已不能滿足他；他開始參考東方的宗教。他對於此方面的書籍流覽極多[2]。不久，他即有把他的讀物介紹給歐洲的思念，《聖賢思

1《托爾斯泰與東方：有關托爾斯泰與東方宗教代表人物關係的通信及其他檔》〔編按：*Tolstoi und der Orient. Briefe und sonstige Zeugnisse über Tolstois Beziehungen zu den Vertretern orientalischer Religionen*〕，一九二五年。

2比魯科夫在他的書末，把托爾斯泰流覽與參考的關於東方的書籍做了一張表。

想》集便是這個思想的結晶，其中包括著聖經、佛、老子、克里希納[3]的言論。他早就相信人類一切的宗教都建築於同一個單位之上。

但他所尋求的，尤其是和亞洲人士的直接的關係。在他一生最後十年中，亞斯納亞與東方各國間的通信是非常密切的。

在亞洲各國中，他感到在思想上與他最接近的是中國。但中國思想卻最少表白出來。一八八四年時，他已研究孔子與老子；後者尤為他在古代聖賢中所最愛戴[4]。但托爾斯泰一直要等一九〇五年方能和老子的國人交換第一次通訊，而且似乎他的中國通信者只有兩人。當然他們都是出眾的人物。一個是學者 Tsien Huang-t'ung[5]，一個是大文豪辜鴻銘，他的名字在歐洲是很熟知的，北京大學教授，革命後亡命日本[6]。

在他與這兩位中國的優秀之士的通信中，尤其在他致辜鴻銘的長信中，托爾斯泰表示他對於中國民族所感到的愛戀與欽佩。近年來中國人以高貴的溫厚態度去忍受歐洲各國對他們所施的暴行這事實尤其加強了托爾斯泰的情操。他鼓勵中國堅持它的這種清明的忍耐，預言它必能獲得最後的勝利。中國割讓給俄國的旅順這一個例子（這件事情使俄國在日俄戰爭中付了極大的代價），肯定了德國之於膠州灣，英國之於威海衛，必將歸於同樣的結局。那些盜賊終於要在他們中間互盜。——但當托爾斯泰知道不久以來，暴力與戰爭的思想，在中國人心中亦覺醒起來時，不禁表示惶慮，他堅求他們要抗拒這種思想。如果他們亦為這種傳染病征服了，那麼必將臨著空前的大劫，不獨是在「西方最獷野最愚昧的代表者德皇」所恐怖的黃禍這意義上，而尤在人類至高的福利這觀點上。因為，古老的中國一旦消滅之後，它的真正的、大眾的、和平的、勤勉的、實用的智慧，本應當從中國漸漸地展布到全人類的智慧，必將隨之俱滅。托爾斯泰相信必有一日，人類生活將完全改變；而他深信在這遞嬗中，中國將在東方各民族之首，居於最重要的地位。亞洲的任務在於向世界上其餘的人類指示一條導向真正的自由的大路，這條路，托爾斯泰說，即是「道」。他尤其希望中國不要依了西方的方案與榜樣而改革——即不要把立憲制度代替它的君主政治，不要建設國家軍隊與大工業！它得把歐洲做為前車之鑒，那種地獄一般殘酷的現狀，那些可憐的無產者，那種階級鬥爭，無窮盡的軍備

3 編按：即黑天、克里希那（Krishna），印度教重要神祇之一，是主神毗濕奴或那羅延的化身。

4 似乎一部分中國人也承認這類似性。往中國旅行的一個俄國人，於一九二一年時說中國的無政府主義充滿了托氏的思想，而他們的共同的先驅者卻是老子。

5 譯按：此人不知何指。

6 最近斯托克書店〔編按：librairie Stock〕出版了他的《中國民族的精神》的法譯本。（一九二七年）

競爭，他們的殖民地侵奪政策——整個文明的破產，歐洲是一個先例——是的！——是不應當做的事情的先例。固然中國不能長此保持它的現狀，受各種暴行的侵犯，它只有一條路應當走：便是對它的政府與一切政府的絕對的無抵抗。它只要無動於衷地繼續耕它的田，只服從神的律令！亞洲將在這四萬萬人的英雄的清明的無抵抗前面降服。在田野中平和地工作，依了中國的三教行事：儒家，教人排脫暴力；道教，教人「己所不欲，勿施於人」；佛教，則是犧牲與愛：人生的智慧與幸福的祕密盡於此矣。

在托爾斯泰的忠告之後，我們試觀今日中國所做的事；第一他的博學的通訊者，辜鴻銘，似乎並未如何領悟：因為他的傳統主義是很狹隘的，他所提出的補救現代世界狂熱的萬能藥，只是對於由過去造成的法統，加以絕對忠誠的擁護[7]。——但我們不應當以表面的波濤來判斷無邊的大海。雖然那些旋起旋滅的黨爭與革命，不能令人想到托爾斯泰的思想，與中國聖賢的數千年的傳統如何一致，然而誰能說中國民族竟不是與托爾斯泰的思想十分接近呢？

日本人，由於他的熱狂的生命力，由於他對於世界上一切新事物的饑渴的好奇心，和中國人正相反，他是在全亞洲和托爾斯泰發生關係最早的民族（約於一八九〇年左右）。托爾斯泰對之卻取著猜疑的態度，他提防他們的國家主義與好戰天性的執著，尤其猜疑他們那麼柔順地容納歐洲文明，而且立刻學全了這種文明的害處。我們不能說他的猜疑是全無根據：因為他和他們的相當密切的通訊使他遭了好幾次暗算。如年輕的Jokai，Didaitschoo-lu日報主筆，自稱為他的信徒，同時又自命為把他的主義與愛國情操聯合一致的折衷派，在一九〇四年日俄戰爭爆發時，他竟公然指摘托爾斯泰。更令人失望的是那個青年田村，最初讀了托爾斯泰的一篇關於日俄戰爭的文字[8]，而感動得下淚，全身顫抖著，大聲疾呼地喊說「托爾斯泰是今世唯一的先知者」，幾星期之後，當日本海軍在對馬島擊破了俄國艦隊時，一下子捲入愛國狂的漩渦，終於寫了一部攻擊托爾斯泰的無聊的書。

更為堅實更為真誠的——但與托氏真正的思想距離很遠的——是這些日本的社會民主黨，反對戰爭的，英雄的奮鬥者[9]，一九〇四年九月致書托爾斯泰；托爾斯泰在復書

7 在致辜鴻銘書中，托爾斯泰猛烈地批評中國的傳統教訓，服從君主這信念：他認為這和強力是神明的權利一語同樣無根據。

8 這篇論文載於一九〇〇年六月《泰晤士報》；田村於十二月中在東京讀到它。

9 阿部畏三，《平民報》經理。在托爾斯泰的覆信寄到之前，他們已下獄，報紙也被封了。

中感謝他們的盛意，但表示他痛惡戰爭，同時亦痛惡社會主義[10]。

可是無論如何，托爾斯泰的精神已深入日本，把它徹底墾殖了。一九〇八年，正值他八秩誕辰，他的俄國友人向全世界托爾斯泰的朋友徵文，預備印行一部紀念冊，加藤寄去一篇頗有意義的論文，指明托爾斯泰給予日本的影響。他的宗教作品，大部分在日本都有譯本；這些作品據加藤說在一九〇二至一九〇三年間，產生了一種精神革命，不獨日本的基督徒為然，即是日本的佛教徒亦莫不如此；且由此發生了佛教刷新的運動。「宗教意識」宗教素來是一種已成法統，是外界的律令。那時起它才具有內心的性質。「宗教意識」從此成為一個時髦名詞。當然，這「自我」的覺醒並非是全無危險的。它在許多情形中可以引人到達和犧牲與博愛精神全然相反的終局——如引人入於自私的享樂，麻木，絕望，甚至自殺：這易於震動的民族，在他熱情的狂亂之中，往往把一切主義推之極端。但在西京附近，好幾個托爾斯泰研究者的團體，竟這樣地形成了，他們耕田度日，並宣揚博愛的教義[11]。以一般情形而言，可說日本的心靈生活，一部分深深地受托爾斯泰的人格的感應。即在今日，日本還有一個「托爾斯泰社」發行一種每期七十面的頗有意義而浸淫甚深的月刊[12]。

這些日本信徒中最可愛的模範，是年輕的德富健次郎，他亦參加一九〇八年的祝壽文集，一九〇六年初，他自東京寫了一封熱烈的信致托爾斯泰，托爾斯泰立刻答覆了他。但德富健次郎等不得收到覆信，便搭了最近期出口的船去訪他。他不懂一句俄文，連英文也懂得極少。七月中他到了亞斯納亞，住了五天，托爾斯泰以父輩的慈愛接待他，他回到日本，這一星期的回憶與老人的光輝四射的微笑，使他終身不能忘懷。他在一九〇八年的祝壽文中提起此事，他的單純潔白的心傾訴著：

在別後七百三十日與距離一萬里的霧氛中間，我還依稀看到他的微笑。現在我和妻和犬生活在小小的鄉間，在一座簡陋的房屋中。我種著蔬菜，刈著滋生不已的敗草。我的精力與我的光陰完全消磨在刈草、刈草、刈草……也許這是我的思想的本質使然，也許是這困阨的時代使然。但我很幸福……只是個人在這情境中只能提筆弄文，亦是太可憐了！……

10 這覆信的內容，我在前文中已引述過一段。

11 一九〇六年十月三日，德富寫信給他道：「你不是孤獨的，大師，你可自慰了！你在此有許多思想上的孩子……」

12 Tolstoi Kenkyu（意為《托爾斯泰研究》）。

這個日本青年，在他的卑微純樸幸福的生活狀態上，在他的人生的智慧與勤勞的工作上，較諸參與祝壽文集的一切托氏的信徒都更能實現托氏的理想，而觸及托氏的內心[13]。

俄羅斯帝國的回教徒共有二百萬人，故托爾斯泰在他俄國人的地位上，頗有認識他們的機會。而他們在他的通信中亦占據了重要的地位，但在一九〇一年前，這種通信尚屬少見。是年春天，托爾斯泰的被除教籍與致神聖宗教會議書感服了他們。卓越的堅決的言詞對於回教徒們不啻是古猶太先知愛裡升天時的囑言。俄羅斯的巴什基爾人[14]，印度的回教僧侶，君士坦丁堡的回教徒寫信給他，說他們讀到他斥責整個基督教的宣言，使他們「快樂至於流淚」；他們祝賀他從「三位一體的黑暗的信仰」中解脫出來。他們稱他為他們的「弟兄」，竭力使他改宗。一個印度回教僧，竟天真地告訴他說一個新的救世主（名叫哈茲拉特・米爾扎・古拉姆・阿赫邁德）方在喀什米爾覓得耶穌的墳墓，打破了基督教中「復活」的謊言；他並且寄給他一張所謂耶穌墓的照相，和這所謂新救世主的肖像。

托爾斯泰對於這些奇特的友誼，怎樣地報以可愛的鎮靜，幾乎沒有譏諷（或悲哀）

的表示，這是我們難以想像的。不曾看到托爾斯泰在這些論辯中所取的態度的人，不能知道他剛愎的天性，涵養到如何絕端溫和的地步。他從來不放棄他的殷勤的情意與好意的鎮靜。倒是那些與他通訊的回教徒憤憤然斥他為「中古時代的基督教偏見的餘孽」[15]。或是那個因為托爾斯泰不承認他的新的回教救主，以種種說話威嚇他，說這位聖人將把受著真理的光輝的人分作三類：

……有些人靠了他們自己的理智而受到的。有些人由於有形的信號與奇蹟而受到的。第三種人是由於劍的力量而受到的（例如法老，摩西逼得要使他喝盡了紅海的水方能使他信仰上帝）。因為上帝所遣的先知者應當教導全人類……[16]

13 德富記得一九〇六年時托爾斯泰問他道：「你知道我的年紀麼？」「七十八歲。」我回答。「不，二十八歲。」我思索了一會說道：「啊！是的，從你成為新人的那天算起。」他頷首稱是。

14 編按：巴什基爾人（Bashkirs）是主要生活在俄羅斯巴什科爾托斯坦共和國的突厥民族。

15 阿芬迪阿爾・沃伊索夫〔編按：Asfendiar Woissow〕在君士坦丁堡。

16 一九〇三年七月二十二日穆罕默德・薩迪克〔編按：Mohammed Sadig〕書。

托爾斯泰從不以鬥爭的態度對付他的含有挑戰性的通訊者。他的高貴的原則是無論何人，受了真理，永遠不可把各種宗教的不同與缺點作準，而是應當注意溝通各種宗教與造成宗教的價值的特點。——「我對於一切宗教，努力抱著這種態度，尤其是對於回教。」[17]——他對於那個暴怒的回教僧，只答道：「一個具有真正宗教情操的人的責任，在於以身作則，實踐道德。」我們所需要的盡在於此[18]。他佩服穆罕默德，他的若干言論使他感服[19]。但穆罕默德只是一個人，如基督一樣。欲使穆罕默德主義與基督主義成為一種正當的宗教，必須放棄對於一個人或一部書的盲目的信仰；只要他們容納一切與全部人類的良心與理智符合的東西。——即在包容他的思想的適當的形式中，托爾斯泰也永遠留神著不拂逆他的對手的信仰：

如果我得罪你，那麼請你原諒我。我們不能說一半的真理，應當說全部，或者完全不說。[20]

他的絲毫不能說服他的質問者。自是毋容提及的事。

至少，他遇到別的回教徒，明白的，自由的，和他表示完滿的同情：——第一流中有著名的宗教改革者，埃及的大教士穆罕默德．阿卜杜勒[21]，一九〇四年四月八日從開羅寫信給他，祝賀他的被除教籍：因為這是賢聖之士的神明的報酬。他說托爾斯泰的光輝溫暖了聚合了一切真理的探求者，他們的心永遠期待著他的作品。托爾斯泰誠懇地答覆了他。——他又受到駐君士坦丁堡波斯大使米爾扎．里扎．錢親王[22]（一九〇一年海牙和平會議波斯首席代表）的敬禮。

但他尤其受著巴布主義運動[23]的吸引，他常和這派人物通聲氣。其中如神祕的加布里埃勒．塞西[24]於一九〇一年自埃及致書於他，這是一個阿拉伯人，改信了基督教以後又轉入波斯的巴布主義。塞西向托爾斯泰陳述他的主張。托爾斯泰答言（一九〇一年八

---

17 一九〇八年六月十日埃爾基巴熱夫〔編按：Elkibajew〕書。

18 一九〇三年八月二十日致穆罕默德．薩迪克書。

19 托爾斯泰極佩服穆罕默德關於貧窮的祈禱：「吾主，使我在貧窮中生存，在貧窮中死去！」

20 一九〇二年十一月十一日致阿芬迪阿爾．沃伊索夫書。

21 編按：Mohammed Abdou。

22 編按：Mirza Riza Chan。

23 編按：Béhaïste (Bâbiste)。

24 編按：Gabriel Sacy。

月十日）「長久以來巴布主義已使他感到興趣，關於本問題的書籍，他已讀過不少」；他對於它的神秘的根據及其理論認為毫無重要，但他相信在東方可以成為重要的道德律：「巴布主義遲早將和基督教的無政府主義融和。」他曾寫信給一個寄給他一部巴布主義書的俄國人，說他確信「從現在各種教派——婆羅門教、佛教、猶太教、基督教——中產生的一切合理化的宗教箴規必能獲得勝利」。他看到它們全體的傾向是「會合到普遍地合於人間性的唯一的宗教」方面去。——他得悉巴布主義流入俄國感染了卡贊地方的韃靼人，大為喜悅，他邀請他們的領袖沃伊索夫[25]到他家裡和他談了很久，這件事故有古謝夫[26]的記載（一九〇九年二月）可考。

一九〇八年的祝壽文集中，一個加爾各答地方的法學家，名叫阿卜杜拉－阿勒－邁蒙－蘇赫拉瓦爾迪[27]，代表了回教國，作了一篇稱頌備至的紀念文。他稱他為尤吉[28]，他承認他的無抵抗主義並不與穆罕默德的主義相抵觸；但「應當如托爾斯泰讀《聖經》一般，在真理的光輝中而非在迷信的雲霧中讀《可蘭經》」。他稱頌托爾斯泰之不為超人，而是大家的兄弟，不是西方或東方的光明，而是神的光明，大眾的光明。隨後他預言托爾斯泰的無抵抗主義與「印度聖哲的教訓混合之後，或能為我們這時代產生出若干新的救世主」。

這確是在印度出現了托爾斯泰所預告的活動的人格。

在十九世紀末，二十世紀初，印度是在完全警醒的狀態中。除了一部分博學之士——他們是不以向大眾傳佈他們的學問為急務的，他們只醉心於他們的語言學中，自以為與眾隔絕[29]，以外，歐洲尚未認識這種狀態，它亦毫沒想到在一八三〇年發端的印度民族心魂在一九〇〇年竟有如此莊嚴偉大的開展。這是一切在精神領域中突然發生的繁榮。在藝術上，科學上，思想上，無處不顯出這燦爛的光華。只要一個泰戈爾的名字，便在他的光榮的星座下，照耀著全世界。差不多在同時，吠檀多派教義受過雅利安社[30]（一八七五）達耶難陀．娑羅室伐底[31]輩的改革，蓋沙布．錢德爾．森並[32]把梵社做為

---

25 編按：Woissow。

26 編按：Gussev。

27 編按：Abdullah-al-Mamun-Suhrawardy。

28 譯按：此系印度的苦修士。

29 除了極少的例外，如馬克斯．繆勒〔編按：Max Müller〕那大思想家，心地宏偉的人。

30 編按：雅利安社是印度一神論印度教改革運動，它弘揚對《吠陀》絕對權威的信仰、價值觀和實踐。雅利安社是第一個改革印度教的組織，由 Dayananda Sarasvati 於十九世紀七〇年代創立。

31 編按：Dayananda Sarasvati（1824-1883），印度哲學家、社會領袖和印度教改革派雅利安社創始人，代表作《真理的光明》（*Satyarth Prakash*）。

32 編按：Keshub Chunder Sen（1838-1884），印度哲學家、社會改革家。

一種社會改革的工具，借為調和基督教思想與東方思想的出發點。但印度的宗教界上，尤其照耀著兩顆光芒萬丈的巨星，突然顯現的——或如印度的說法，是隔了數世紀而重新顯現的——兩件思想界的奇蹟：一個是羅摩克里希納[33]（一八三六至一八八六），在他的熱愛中抓住了一切神明的形體，一個是他的信徒辨喜[34]（一八六三至一九〇二），比他的宗師尤為強毅，對於他的疲憊已久的民眾喚醒了那個行動的神，Gitâ 的神。

托爾斯泰的廣博的知識自然知道他們。他讀過達耶難陀的論文。一八九六年始，他已醉心辨喜的作品，體味羅摩克里希納的語錄。辨喜於一九〇〇年漫遊歐洲的時候沒有到亞斯納亞·波利亞納去，真是人類的大不幸。作者對於這兩個歐亞二洲的偉大的宗教心魂沒有盡聯合之責，認為是一件無可補贖的憾事。

如印度的斯瓦米一樣，托爾斯泰受過「愛之主」克里希納的薰陶，且在印度不少人敬禮他如同一個「聖者」，如一個再生的古哲人。《新改革》雜誌的經理戈帕爾·切蒂[35]在印度是一個崇奉托爾斯泰思想的人，他在一九〇八年的祝壽文集中把托氏和出家的王子釋迦牟尼相比；且說如果托爾斯泰生於印度，他定能被視為一個 Avatara（毗濕奴的化身），一個 Purusha（宇宙心魂的化身），一個斯里–克里希納。

但是歷史的無可移易的潮流已把托爾斯泰從苦修士對於神的夢想中轉移到辨喜，或甘地的偉大的行動中了。

命運的奇特的迂回！第一個導引托爾斯泰到這方面去，而以後又成為印度聖雄的左右手的人，這時候當和去大馬士革以前的聖保羅一般，是反對托氏思想最猛烈的一員，他是達斯[36]，我們能否假想是托爾斯泰的呼聲，把他引入他的真正的使命？——一九〇八年終，達斯處在革命的立場上。他寫信給托爾斯泰，毫不隱蔽他的強項的信心；他公然指摘托爾斯泰的無抵抗主義；可是他向他要求為他的報紙《自由印度斯坦》[37]作同情的表示。托爾斯泰答了一封長信給他，差不多是一篇論文，在《致一個印度人書》[38]（一九〇八年十二月十四日）的題目下，散佈於全世界。他堅決地宣傳他的無抵抗主義與博愛主義，每一部分都引用克里希納的言論做為他的論證。他對於科學的新迷信和對

---

33 編按：即拉瑪克里斯納（Ramakrishna, 1836-1886），極富影響力的印度神祕家暨瑜伽士。

34 編按：又譯斯瓦米．維韋卡南達（Swami Vivekananda, 1863-1902），印度教哲學家。

35 編按：Gopal Chetti。

36 達斯〔編按：C.-R. Das, 1870-1925〕最近已經去世。他成為甘地的好友，印度和平抵抗運動的首領。

37 編按：*Free Hindostan*。

38 編按：*Lettre à un Indien*。

於古代的宗教迷信同樣痛加抨擊。他責備印度人，不應當否認他古代的智慧而去承襲西方的錯誤。

他說，

我們可以希望，在這佛教與孔子主義的廣大的世界內，這新的科學偏見將無立足之地，而中國人、日本人、印度人，徹悟了承認暴力的宗教謊言之後，立刻可具有愛的律令的概念，適合於人類的，為東方的大師以那麼雄偉的力宣示於世界的。但科學的迷信代替了宗教迷信來慢慢地侵吞東方諸民族了，它已征服日本，為它擺佈著最不幸的前途。在中國，在印度，一般自命為民眾領袖的人全受了科學迷信的魅惑。你在你的報紙上提出你所認為應當指導印度的動向的基本原則如下：

抵抗暴力不單是合理的，且是必需的；不抵抗既無補於自私主義亦有害於利他主義。

……什麼！你，宗教情緒最深刻的民族的一員，竟相信了你的科學教育而敢把你的民族自遠古以來即已主張的愛的律令，遽行棄絕麼？暴力的首領，真理的敵人，最初是神學的囚犯，繼而是科學的奴隸——你的歐羅巴老師，感應給你那些荒謬的言論，你竟反覆地說個不厭嗎？

你說英國人的制服印度，是因為印度不以武力來抵抗暴行？——但這完全是相反！英國人所以制服印度人，正因為印度人曾承認而現在還承認武力是他們的社會組織的基本原則之故；依了這個原則，他們服從他們各邦的君主；依了這個原則，他們向這些君主，向歐洲人，向英國人爭鬥……一個商務公司——三萬人，而且是最無用的人——竟制服了二千萬人的一個民族！把這個情形說給一個毫無成見的人聽吧！他將不能懂得這些說話的意義……依數字而論，制服印度人的不是英國人而是印度人自己，這論斷豈非是很明白確切的麼？……

印度人所以被暴力所制服，即因為他們就生存於暴力之中，現在還是依了暴力生活而不認識切合人類的永恆的愛的律令。

「凡是追尋他的所有物而不知他已占有的人，是愚昧而值得憐憫的！是的，不認識包圍著他們的，所給予他們的愛的福利的人是愚昧而可憐的！」（克里希納言）

人只要度著與愛的律令協和的生活，這是切合他的良心而含有無抵抗與不參加暴力的原則的。那麼，不獨一百人不能制服數百萬人，即使數百萬人也不能制服一個人。不要抵抗惡，不參加惡，不加入行政司法，納稅，尤其是軍隊！——那時，無論何物，無論何人也不能制服你了！

一段克里希納名言的申引，結束了這俄國教導印度的無抵抗主義宣道：

「孩子們，把你們被蒙蔽的目光望著更高遠之處吧，一個新的世界，充滿著歡樂與愛的世界將在你們面前顯現，一個理智的世界，為『我的智慧』所創造的，唯一的實在的世界。那麼，你們會認識愛對於你們的賜與，愛向你們提出的條件。」

托爾斯泰此書落到一個年輕的印度人手裡，他在南非洲約翰尼斯堡地方當律師。他名叫甘地。他被這封書大大地感動了。一九〇九年終，他致書托爾斯泰。他告訴他，十年以來，他在托爾斯泰的宗教精神中所作的奮鬥。他請求他允許他把他的致達斯書譯成印度文。

托爾斯泰對於他的「溫和與強暴之戰，謙卑與博愛和驕傲與暴力之戰」表示祝福。他讀到了《印度自治》[39]的英文本，為甘地寄給他的；他立刻領悟這種宗教的與社會的經驗的價值：

你所討論的，和平抵抗這問題，具有最高的價值，不獨對於印度，且對於全人類亦是如此。

他讀了約瑟夫·多克[40]著的甘地傳，為之神往。雖然病著，他還是寫了幾行動人的言詞寄給他（一九一〇年五月八日），當他病癒時，一九一〇年九月七日，在科特謝特——他出家逃亡以至病歿前一個月——他又寫給他一封長信，這封信是那麼重要，雖然冗長，我決意把它差不多全部附錄在本文後面。它是，它將是，在未來人士的眼中，是無抵抗主義的經典，托爾斯泰思想上的遺囑。南非洲的印度人於一九一四年在《印度評論》金刊[41]上發表了，那是一冊研究南非洲和平抵抗運動的雜誌。它的成功同時亦是無抵抗政策的首次勝利。

同時，歐羅巴大戰爆發了，互相屠殺：這不能不說是一種奇特的對照。

---

39 編按：*Hind Swarâj*。
40 編按：Joseph J. Doke。
41 編按：*Golden Number of Indian Opinion*。

但當暴風雨過去，野蠻的騷擾漸漸地平息時，在廢墟殘跡之外，人們聽到甘地的精純堅決的呼聲，如一頭雲雀一般。這聲音，在一個更響亮更和諧的音調上，重新說出了托爾斯泰的名言，表明新時代人類希望的頌曲。

羅曼．羅蘭

一九二七年五月

托爾斯泰逝世前
二月致甘地書

Lettre écrite par Tolstoy, deux mois avant sa mort, à Gandhi

致南非洲約翰內斯堡[1]，德蘭士瓦省[2]，M．K．甘地：

我接到你的《印度評論》報[3]，讀悉關於絕對無抵抗主義的論見，不勝欣慰。我不禁要表示我的讀後感。

我閱世愈久——尤其在此刻我明白感到日近死亡的時候——我愈需要表白我心中最強烈的感觸，我認為重要無比的東西：這是說無抵抗主義，實在只是愛的法則的教訓，尚未被騙人的詮釋所變形的學說。

愛，或者以別的名詞來溝通人類心魂的渴望，是人生的唯一的、最高的法則。……這是每個人知道，在心底裡感到的（在兒童心中尤其明顯）。他只要沒有受世俗思想的謊言所蒙蔽，他便會知道這點。

這條法則曾被人間一切聖哲之士宣揚過：印度人，中國人，希伯來人，希臘人，羅馬人。基督尤其把它表白得明顯，他以確切的詞句說這條法則包括一切法則與一切先知者。而且，基督預料到這條法則有被變形的可能，故他特別暴露那種危險，說那些生活在物質的利益中的人要改變它的性質。

所謂危險者，是那些人自以為應以暴力來保護他們的利益，或如他們的說法，以暴力來奪回被人以暴力奪去的一切。基督知道（好似一切有理性的人所知道的一般）暴力的運用，與人生最高的法則，愛，是不相容的。他知道只要在一種情境中容受了暴力，這法則便全盤摧毀了。全部的基督教文明，在表面上雖然似乎非常燦爛，其實它時常在推進這種顯而易見的、奇特的矛盾與誤會，有時是故意的，但多半是無意識的。

實際上，只要武力抵抗被容受，愛的法則便沒有價值而且也不能有價值了。如果愛的法則沒有價值，那麼除了強權之外，任何法則都無價值了。十九個世紀以來的基督教即是如此。而且，在一切時間內，人類常把力做為主持社會組織的原則。基督教國家與別的國家中間的異點便是在基督教中，愛的法則是表白得很明顯確切的，為任何宗教所不及；而基督徒們雖然把暴力的運用認為是合法的，把他們的生活建立於暴力之上，但他們仍舊莊嚴地接受這法則。

因此，基督教民族的生活是他們的信仰與生活基礎之間的矛盾，是應當成為行動的法則的愛，與在種種形式下的暴力之間的矛盾（所謂暴力的種種形式是政府、法院、軍

---

1 編按：即約翰尼斯堡（Johannesburg）。

2 編按：即川斯瓦省（Transvaal）。

3 編按：*Indian Opinion*。

隊、被認為必須而受人擁護的機關）。這矛盾隨了內生活的開展而增強，在最近以來達到了頂點。

今日，問題是這樣：是或否；應當選擇其一！或者我們否定一切宗教的與道德的教訓而在立身處世之中任令強權支使我們。或者把一切強迫的納稅，司法與警務權，尤其是軍隊，加以摧毀。

本年春天，莫斯科某女校舉行宗教試驗，那時除了宗教科教員之外，還有主教也親自參與；他們考問女學生，關於十戒的問題，尤皆是第五戒：「戒殺！」當學生的答語正確的時候，主教往往追問另外一句：「依了上帝的律令，是否在無論何種情形下永遠禁止殺戮？」可憐的女郎為教員們預先教唆好了的，應當答道：「不，不永遠如此。因為在戰爭與死刑中，殺戮是允許的。」——但其中一個不幸的女郎（這是由一個在場目睹的證人講給我聽的）聽到這照例的問句「殺人永遠是一件罪惡嗎？」之後，紅著臉，感動著，下了決心，答道：「永遠是的！」對於主教的一切詭辯，年輕的女郎毫不動心地回答，說在無論何種情形中，殺戮是永遠禁止的，而這在《舊約》中已經如此：至於基督，他不獨禁止殺戮，並且禁止加害他的鄰人。雖然主教是那麼莊嚴，那麼善於說辭，他終竟辭窮，為少女戰敗了。

是的，我們盡可在我們的報紙上嘮叨著談航空進步、外交陰謀、俱樂部、新發現，和自稱為藝術品等等的問題，而對於這少女所說的緘口不言！但我們決不能就此阻塞了思想，因為一切基督徒如這女郎一樣地感覺到，雖然感覺的程度或有明晦之別。

社會主義，無政府主義，救世軍，日有增加的罪案，失業，富人們的窮奢極侈天天在膨脹，窮人們的可怕的災禍，驚人地增多的自殺事件，這一切情形證明了內心的矛盾，應當解決而將會解決的矛盾。

承認愛的法則，排斥一切暴力的運用。這是近似的解決方法。因此，你在德蘭士瓦的活動，於你似乎顯得限於世界的一隅，而實在是處於我們的利益的中心；它是今日世界上最重要的活動之一；不獨是基督教民族，世界上一切的民族都將參與。

在俄羅斯，也有同樣的運動在迅速地發展，拒絕軍役的事件一年一年地增加，這個消息定會使你快慰。雖然你們的無抵抗主義者與我們的拒絕軍役者的數目是那麼少，他們畢竟可以說：「神和我們一起，而神是比人更強。」

在基督教信仰的宣傳中，即在人們教給我們的變形的基督教義形式中，即在同時相信戰時屠殺的軍備與軍隊是必須的情形中，也存在著一種那麼劇烈的矛盾，遲早會，很可能是極早地、赤裸裸地表白出來。那麼，我們必得或者消滅基督教——可是沒有它，國家的權威是無從維持的——或者是消滅軍隊，放棄武力——這對於國家亦是同樣重要的。

這矛盾已為一切政府所感到，尤其是你們的不列顛政府與我們的俄羅斯政府；而由於一種保守的思想，他們處罰一切揭破這矛盾的人，比著對於國家的其他的敵人，處置得更嚴厲。在俄國我們看到這種情形，由於你的報紙，我們亦看到你們的情形。

各國政府明知威脅他們的最嚴重的危險之由來，他們所極力護衛的亦不止是他們的利益。他們知道他們是為了生或死而奮鬥。

列夫・托爾斯泰於一九一〇年九月七日於科特謝特

原文對照

人名

卜龍斯基　Polonski
于也納・迦爾希納　Eugène Garchine
切爾特科夫　Tchertkov
巴格拉季昂　Pyotr Bagration
戈帕爾・切蒂　Gopal Chetti
戈登魏澤　Alexander Goldenweiser
比安斯托克　J.-W. Bienstock
加布里埃勒・塞西　Gabriel Sacy
加蓬　Georgui Gapone
卡米爾・貝萊格　Camille Bellaigue
古謝夫　Gussev
尼古拉（大哥尼古拉・托爾斯泰）　Nikolai Nikolaevich Tolstoy
尼古拉・葛列格里維奇・沃爾康斯基親王　le prince Nicolas-Grégorévitch Volkonski
尼古拉一世　Nicholas I of Russia
布林熱〔保羅・布爾熱〕　Paul Bourget
布雷東〔布勒東〕　Jules Breton
弗拉季米爾－葛列格里奇・切爾特科夫　Vladimir-Grigoritch Tchertkov
瓦連京・布林加科夫　Valentin Boulgakov
皮維斯〔夏凡納〕　Pierre Puvis de Chavannes
米爾扎・里扎・錢親王　Mirza Riza Chan
亨利・喬治　Henry George
克里希納〔黑天、克里希那〕　Krishna
克拉姆斯科伊　Ivan Kramskoï
克林格〔克林格爾〕　Max Klinger
沃伊索夫　Woissow
邦達列夫　Bondarev
亞歷山卓・安德列耶芙娜・托爾斯泰婭（姑母）　Alexandra Andrejewna Tolstoï
亞歷山德拉（女兒）　Alexandra Lvovna Tolstoy
居斯塔夫・馬松　Gustave Masson
岡察洛夫　Ivan Goncharov
帕斯卡爾〔帕斯卡〕　Blaise Pascal
彼拉格婭（姑母）　la tante Pélagie
彼得一世〔彼得大帝〕　Peter the Great
果戈理〔果戈里〕　Nikolai Gogol
阿卜杜拉－阿勒－邁蒙－蘇赫拉瓦爾迪　Abdullah-al-Mamun-Suhrawardy
阿芬迪阿爾・沃伊索夫　Asfendiar Woissow
保爾・比魯科夫　Paul Birukov
保爾・布瓦耶　Paul Boyer
保爾・薩巴捷爾　Paul Sabatier
勃克林　Arnold Böcklin
勃拉姆斯〔布拉姆斯〕　Johannes Brahms
哈茲拉特・米爾扎・古拉姆・阿赫邁德

Chazrat Mirza Gulam Achmed
施皮特勒 Carl Spitteler
施圖克〔史杜克〕 Franz von Stuck
柏遼茲〔白遼士〕 Hector Louis Berlioz
洛夫將軍 le général Lwow
約瑟夫・多克 Joseph J. Doke
韋里金 P.-V. Vériguine
倫勃朗〔林布蘭〕 Rembrandt Harmenszoon van Rijn
埃內斯特・格羅斯比〔克羅斯比〕 Ernest Crosby
埃爾基巴熱夫 Elkibajew
夏爾・薩洛蒙 Charles Salomon
庫圖佐夫 Mikhail Kutuzov
格里戈羅維奇 Dmitry Grigorovich
涅克拉索夫 Nikolay Nekrasov
涅赫留多夫 Nekhludov
特・沃居埃 Eugène-Melchior de Vogüé
特博蒙 Christophe de Beaumont
特普費爾〔魯道夫・托普弗〕 Rodolphe Töpffer
留里克 Rurik
索菲婭・安德列耶芙娜・別爾斯（妻子） Sophia Andreyevna Bers

索福克勒斯 Sophocle
貢恰連科 Gontcharenko
馬克斯・繆勒 Max Müller
馬科維茨基醫生 Makovitski
高爾基 Maxim Gorky
勒魯瓦・博利厄 M. A. Leroy-Beaulieu
屠格涅夫 Ivan Turgenev
捷涅羅莫 Ténéromo
喬治・杜馬 Georges Dumas
喬治・特奧斯托亞 Georges d'Ostoya
揚・斯季卡 Jan Styka
斯特拉科夫 Nikolay Strakhov
斯特恩〔勞倫斯・斯特恩〕 Laurence Sterne
斯捷潘・阿尼金 Stephan Anikine
費特 Fet
塔佳娜（姑母） la tante Tatiana
塔佳娜・別爾斯（小姨子） Tatiana Andreyevna Behrs Kuzminskaya
塔佳娜・蘇霍京夫人 Mme Tatiana Soukhotine
奧博連斯基親王（女婿） le prince Obolensky
奧斯特洛夫斯基 Alexander Ostrovsky

奧爾巴赫 Berthold Auerbach
聖西諾德 Saint-Synode
葉爾喬夫 A.-J. Erchov
達耶難陀・娑羅室伐底 Dayananda Sarasvati
達斯 C.-R. Das
瑪麗亞（妹妹瑪麗亞・托爾斯泰） Maria Nikolayevna Tolstaya
福斯 Johann Heinrich Voss
福斯塔夫〔約翰・法斯塔夫爵士〕 Sir John Falstaff
福祿培爾〔福祿貝爾〕 Friedrich Fröbel
蒲魯東〔普魯東〕 Pierre-Joseph Proudhon
蓋沙布・錢德爾・森並 Keshub Chunder Sen
赫爾岑 Alexander Herzen
德米特里（三哥德米特里・托爾斯泰） Dmitriy Nikolayevich Tolstoy
德魯日寧 Alexandre Droujinine
歐里庇得斯 Euripide
盧梭 Jean-Jacques Rousseau
穆罕默德・阿卜杜勒 Mohammed Abdou
穆罕默德・薩迪克 Mohammed Sadig

賴爾米特〔萊爾米特〕 Léon Augustin Lhermitte
辨喜 Swami Vivekananda
霍米亞科夫 Aleksey Khomyakov
謝爾蓋〔二哥謝爾蓋·托爾斯泰〕 Sergey Nikolaevich Tolstoy
薩拉·伯恩哈特〔莎拉·伯恩哈特〕 Sarah Bernhardt
羅摩克里希納〔拉瑪克里斯納〕 Ramakrishna
蘇亞雷斯 André Suarès
蘇塔耶夫 Sutaiev

地名、機構名

古里 Gourie
尼韋奈 Nivernais
布吉瓦爾 Bougival
布林加列〔保加利亞〕 Bulgarie
皮亞季戈爾斯克 Piatigorsk
克拉皮夫納 Krapivna
克謝爾斯克 Koselsk
沙莫爾金諾修院 monastère de Chamordino
亞斯納亞·波利亞納 Yasnaya Polyana
阿斯塔波沃 Astapovo
施魏策爾霍夫 Schweizerhof
科特謝特 Kotchety
約翰內斯堡〔約翰尼斯堡〕 Johannesburg
耶爾 Hyères
特蘭士瓦省〔川斯瓦省〕 Transvaal
納爾遜書店 Nelson
基辛根 Kissingen
第戎 Dijon
博薩爾書店 Bossard
斯托克書店 librairie Stock
斯塔里－尤爾特 Starï-Iourt
塞瓦斯托波爾 Sébastopol
塞爾別〔塞爾維亞〕 Serbie
奧普塔修院 monastère d'Optina
蒂弗里斯〔提比里斯〕 Tiflis
圖拉 Toula
德累斯頓〔德勒斯登〕 Dresden
盧塞恩〔琉森〕 Lucerne
錫利斯特拉 Silistrie
薩馬拉 Samara

作品與文獻

〈紀念托爾斯泰〉 *A la mémoire de Tolstoï*

《一八五五年八月之塞瓦斯托波爾》 *Sébastopol en août 1855*

《一八五五年五月之塞瓦斯托波爾》 *Sébastopol en mai 1855*

《一八五四年十二月之塞瓦斯托波爾》 *Sébastopol en décembre 1854*

《一切品性的來源》 *Toutes les qualités viennent d'elle*

《一個人需要許多土地嗎？》 *Faut-il beaucoup de terre pour un homme*

《一個杜霍博爾人的故事》 *Histoire d'un Doukhobor*

《一個孤獨的散步者的幻想錄》〔一個孤獨漫步者的遐想〕 *Les Rêveries du promeneur solitaire*

《一個俄國產業者小說》 *Roman d'un propriétaire russe*

《一個炮隊軍官的塞瓦斯托波爾回憶錄》 *Souvenirs de Sébastopol par un officier d'artillerie*

《一個紳士的早晨》〔《一個地主的早晨》〕 *la Matinée d'un Seigneur*

《一個瘋人的日記》 *Le journal d'un fou*

《人生的規則》 *Règles de vie*

《人靠了什麼生活？》〔《人依靠什麼而活？》〕 *De quoi vivent les hommes*

《十二月黨人》 *les Décembristes*

《又是三個死者》 *Encore trois morts*

《三老人》 *les Trois Vieillards*

《三個死者》〔《三死》〕 *Trois Morts*

《大罪惡》 *le Grand Crime*

《大衛・科波菲爾》〔《塊肉餘生記》〕 *David Copperfield*

《大蠟燭》 *Le Cierge*

《山中雜書》 *Troisième lettre de la Montagne*

《天國在我們內心》 *Le royaume de Dieu est en nous*

《夫婦間的幸福》〔《家庭幸福》〕 *Bonheur Conjugal*

《少年時代》〔《少年》〕 *Adolescence*

《支隊中的相遇》 *une Rencontre au Détachement*

《日內瓦短篇》 *Nouvelles Genevoises*

《日俄戰爭》 *La guerre russo-japonaise*

《日記選錄》〔《托爾斯泰——日記選錄》〕 *Léon Tolstoï: Extraits du Journal intime*

《世界之末日》 *La Fin d'un Monde*

《主與僕》 *Maître et Serviteur*

《半月刊》 *Cahiers de la quinzaine*

《四福音書一致論》 *Concordance et Traduction des quatre Évangiles*

《母親》 *La mère*

《民間故事與童話》 *les Récits et les Contes populaires*

《甘地傳》 *Mahatma Gandhi*

《生命論》 *De la Vie*

《生活與作品》〔《托爾斯泰——生活與作品》〕 *Léon Tolstoï: Vie et Œuvre*

《皮爾・金特》〔《培爾・金特》〕 *Peer Gynt*

《伊利亞特》〔《伊里亞德》〕 *The Lliad*

《伊萬・伊里奇之死》〔《伊凡・伊里奇之死》〕 *The Death of Ivan Ilyich*

《伐木》 *la Coupe en forêt*

《印度自治》 *Hind Swarâj*

《印度評論》金刊 *Golden Number of Indian Opinion*

《印度評論》報 *Indian Opinion*

《向逃避軍役的人們致敬》 *Salut aux réfractaires*

《回想錄》〔《托爾斯泰——回想錄》〕 *Léon Tolstoï: Souvenirs*

《回憶錄》〔《托爾斯泰——回憶錄》〕 *Léon Tolstoï: Mémoires*

《在別動隊中和一個莫斯科的熟人的相遇》 *Rencontre au Détachement avec une connaissance de Moscou*

《安娜・卡列尼娜》 *Anna Karenina*

《年輕的俄皇》 *Le jeune tsar*

《托爾斯泰》 *Tolstoï*

《托爾斯泰名言錄》 *Les paroles vivantes de L. N. Tolstoy*

《托爾斯泰的出走與去世》 *Tolstoys Flucht und Tod*

《托爾斯泰研究》 *Tolstoi Kenkyu*

《托爾斯泰與東方：有關托爾斯泰與東方宗教代表人物關係的通信及其他檔》 *Tolstoi und der Orient. Briefe und sonstige Zeugnisse über Tolstois Beziehungen zu den Vertretern orientalischer Religionen*

《托爾斯泰與音樂》 *Tolstoï et la musique*

《自由印度斯坦》 *Free Hindostan*

《西格弗里德》〔《齊格菲》〕 *Siegfried*

《何謂藝術？》 *Qu'est-ce que l'art?*

《克勒策奏鳴曲》〔《克魯采奏鳴曲》〕 *Sonate à Kreutzer*

《告政治家書》 *Appel aux hommes politiques*

《告統治者書》 *Appel aux Dirigeants*

《告被統治者書》 *Appel aux Dirigés*

《我的信仰的基礎》 *En quoi consiste ma foi*

《我們應當做什麼？》 *Que devons-nous faire?*

《每日必讀文選》 *Cycle de lectures pour tous les jours de l'année*

《辛白林》 *Cymbeline*

《亞洲對托爾斯泰的迴響》 *La Réponse de l'Asie à Tolstoy*

《亞斯納亞・波利亞納》 *Iasnaïa Poliana*

《兒童的智慧》 *La sagesse enfantine*

《兩個老人》 *Les Deux Vieillards*

《兩個巡禮者》 *Deux pèlerins*

《兩個輕騎兵》〔《兩個驃騎兵》〕 *Les Deux Hussards*

《兩球雜誌》 *Revue des Deux Mondes*

《初級學校讀本》 *ses recueils de Récits et Légendes pour les Écoles primaires*

《初期回憶》 *Premiers Souvenirs*

《法蘭西水星》 *Mercure de France*

《波利庫什卡》 *Polikúshka: The Lot of a Wicked Court Servant*

《阿爾貝》 *Albert*

《青年時代》〔《青年》〕 *Jeunesse*

《侵略》 *l'Incursion*

《俄國小說論》 *The Russian Novel*

《俄羅斯通報》 *Rousski Viestnik*

《哈吉・穆拉特》 *Hadji-Mourad*

《哈姆雷特》 *Hamlet*

《思想錄》 *Pensées*

《活屍》 *le Cadavre vivant*

《為何人們會麻醉》 *Pourquoi les gens s'enivrent*

《致一個印度人書》 *Lettre à un Indien*

《軍人雜記冊》 *Carnet du soldat*

《哥薩克》 *les Cosaques*

《射擊手日記》 *le Journal d'un Marqueur*

《庫茲米奇老人的遺著——日記》 *Le journal posthume du vieillard Féodor*

Kouzmitch
《時報》 *Le Temps*
《書信》〔《托爾斯泰——書信》〕 *Léon Tolstoï: Lettres*
《涅赫留多夫親王日記》 *Journal du prince D. Nekhludov*
《特羅伊羅斯與克瑞西達》 *Troilus and Cressida*
《琉森》 *Lucerne*
《神與人》 *Divin et l'Humain*
《記數人日記》 *Le Journal d'un Marqueur*
《高加索人》 *Les Cosaques*
《高盧人》 *Le Gaulois*
《偽票》 *Le faux coupon*
《唯一的必需品》 *Une seule chose est nécessaire*
《基督教精神與愛國主義》 *L'esprit chrétien et le patriotisme*
《教育與修養》 *L'Éducation et la culture*
《教會與國家》 *l'Église et l'État*
《教義神學批判》 *Critique de la théologie dogmatique*
《教義神學批判及基督教主義檢討導言》 *Introduction à la Critique de la Théologie dogmatique et à l'Examen de la doctrine chrétienne*
《現代人》 *Sovrémennik*
《祭司瓦西里》 *Le pope Vassili*
《第四次散步》 *Quatrième Promenade*
《莎士比亞與勞工階級》 *Shakespeare et la classe ouvrière*
《莎士比亞論》 *Shakespeare*
《通俗短篇》 *Premiers contes populaires*
《雪的苦悶》 *la Tourmente de Neige*
《復活》 *Résurrection*
《殘忍的享樂》 *Plaisirs cruels*
《無所謂罪人》 *Il n'y a pas de coupable*
《童年時代》〔《童年》〕 *Enfance*
《費加羅》〔《費加洛報》〕 *Le Figaro*
《費奧多爾·庫茲米奇老人的遺著——日記》 *Le journal posthume du vieillard Féodor Kouzmitch*
《黑暗中的光明》 *La lumière luit dans les ténèbres*
《黑暗的力量》〔《黑暗的勢力》〕 *la Puissance des Ténèbres*
《傳記資料彙集》〔《托爾斯泰——傳記資料彙集》〕 *Léon Tolstoï: Notes et Documents biographiques*
《傻瓜阿列克謝》 *Alexis le Pot*
《塞瓦斯托波爾紀事》〔《塞瓦斯托波爾故事》〕 *Sébastopol*
《愛國主義與政府》 *Le patriotisme et le gouvernement*
《愛與上帝永遠一致》 *Où l'amour est, Dieu est*
《愛彌兒》 *Émile*
《新改革》 *The New Reformer*
《新愛洛伊絲》 *Julie, ou la nouvelle Héloïse*
《煙草與酒精》 *L'Alcool et le Tabac*
《畸形的享樂》 *Plaisirs vicieux*
《義子》 *Le Filleul*
《聖賢思想》 *Les pensées des hommes sages*
《農奴巴霍姆》 *le Moujik Pakhom*
《夢中所見》 *Ce que j'ai vu en rêve*
《熊熊之火不復熄》 *Feu qui flambe ne s'éteint plus*
《舞會之後》 *Après le Bal*
《赫爾曼和多蘿特》 *Hermann and Dorothea*

《誰為兇手？》 *Quels sont les assassins?*

《論文學中藝術成分優於一切暫時的思潮》 Supériorité de l'élément artistique dans la littérature sur tous ses courants temporaires

《養蜂老人》 *Le vieillard au rucher*

《戰爭與革命》 Guerre et Révolution

《霍登卡》 *Khodynka*

《謝爾蓋老人》 *Le père Serge*

《獵人日記》 *le Journal d'un Chasseur*

《藝術論》〔《論藝術》〕 *Critique de l'Art*

《關於托爾斯泰的回憶》 *Souvenirs sur Tolstoï*

《關於屠格涅夫的回憶》 *Souvenirs sur Tourgueniev*

《懺悔錄》 *Confessions*

《蠢貨伊萬的故事》〔《傻子伊凡》〕 *Histoire d'Ivan l'Imbécile*

《魔鬼》 *Le Diable*

PEOPLE 527

托爾斯泰傳

作　者—羅曼・羅蘭（Romain Rolland）
譯　者—傅雷
責任編輯—陳詠瑜
行銷企畫—林欣梅
封面設計—FE工作室
內頁設計—張靜怡

總 編 輯—胡金倫
董 事 長—趙政岷
出 版 者—時報文化出版企業股份有限公司
一〇八〇一九臺北市和平西路三段二四〇號三樓
發行專線—（〇二）二三〇六—六八四二
讀者服務專線—〇八〇〇—二三一—七〇五
（〇二）二三〇四—七一〇三
讀者服務傳真—（〇二）二三〇四—六八五八
郵撥—一九三四四七二四時報文化出版公司
信箱—一〇八九九臺北華江橋郵局第九九號信箱
時報悅讀網—http://www.readingtimes.com.tw
電子郵件信箱—newstudy@readingtimes.com.tw
時報出版愛讀者粉絲團—https://www.facebook.com/readingtimes.2
法律顧問—理律法律事務所　陳長文律師、李念祖律師
印　刷—勁達印刷有限公司
初版一刷—二〇二四年四月二十六日
定　價—新臺幣四〇〇元
（缺頁或破損的書，請寄回更換）

時報文化出版公司成立於一九七五年，
一九九九年股票上櫃公開發行，二〇〇八年脫離中時集團非屬旺中，
以「尊重智慧與創意的文化事業」為信念。

作家榜经典文库®

托爾斯泰傳／羅曼・羅蘭（Romain Rolland）著；
傅雷譯．-- 初版．-- 臺北市：時報文化出版企業
股份有限公司, 2024.04
272面；14.8×21公分．--（PEOPLE系列；527）
譯自：Vie de Tolstoi.
ISBN 978-626-396-092-3（精裝）

1. CST：托爾斯泰（Tolstoy, Leo, graf, 1828-1910）
2. CST：傳記　3. CST：俄國

784.88　　113003971

ISBN 978-626-396-092-3
Printed in Taiwan